成吉思汗传

马背上杰出的政治家、军事家

成长关键词 ➡ 刚毅、远见、智慧

张文君 ◎ 编著

成都地图出版社

图书在版编目（CIP）数据

成吉思汗传 / 张文君编著. -- 成都：成都地图出版社, 2018.4 （2022.4重印）
ISBN 978-7-5557-0861-2

Ⅰ.①成… Ⅱ.①张… Ⅲ.①成吉思汗（1162-1227）—传记 Ⅳ.①K827=47

中国版本图书馆CIP数据核字(2018)第052536号

成吉思汗传

CHENGJISIHAN ZHUAN

| 责任编辑：魏小奎 |
| 封面设计：吕宜昌 |

出版发行：成都地图出版社
地　　址：成都市龙泉驿区建设路2号
邮政编码：610100

印　　刷：唐山富达印务有限公司
（如发现印装质量问题，影响阅读，请与印刷厂商联系调换）

开　　本：710mm×1000mm　1/16
印　　张：8　　　　　　　字　　数：120千字
版　　次：2018年4月第1版
印　　次：2022年4月第4次印刷
书　　号：ISBN 978-7-5557-0861-2
定　　价：39.80元

版权所有，翻印必究

导读 >>>>>>
Introduction

Chengjisihan
成吉思汗

孛儿只斤·铁木真，生于1162年，蒙古帝国可汗，汗号"成吉思汗"。他的父亲是蒙古一个强大部落的首领，在他九岁时，父亲就被敌人暗杀了，随即部落瓦解。在艰苦的环境中，他逐渐成长。1179年，他联合草原当时两大强势首领王罕和札木合大败篾儿乞部，夺回被抢走的新婚夫人孛儿铁。此后，他聚集了许多部落并日益强大，1189年称可汗。其后相继灭掉塔塔儿部、王罕、乃蛮部、札木合，最后一统草原，建蒙古国。1215年，他率部灭掉金国。1219年，他率领大军西征花剌子模，破城无数，彻底摧毁了花剌子模。1221年，他派遣军队出击中亚、南俄，蒙古军开始了征服欧亚的进程。1227年，灭西夏。同年，成吉思汗死于清水。死后，蒙古分为四大汗国。

成吉思汗一生灭国无数，毁誉交加。一直以来，各国的政治家、军事家和名人学者都从不同角度研究和探讨这位伟大的人物。他是古今中外著名的历史人物，同时又是最有争议的人物。这位一代天骄是天生的军事家、政治家，在艰苦的环境中长大，白手打拼，从无到有，靠勇武、智慧、胸怀建立起自己的天下。他组建了一支当时天下无敌的强大骑兵，出色地解决了军队给养、后勤供应等问题，还创造性地运用了一系列符合骑兵作战特点的战略战术，取得了一个又一个胜利，最终统一草原，建立蒙古国，覆金灭夏，平花剌子模，征服南俄，纵横欧亚。他与他的子孙所建立的帝国版图之大，令人咋舌，也改变了世界格局与历史进程。他一生经历七十余战，逢战必战，且几乎逢战必胜，书写了前无古人后无来者的战争神话。

没有谁能否认他的地位，无论在中国，还是外国，人们都不得不承认他是有史以来极其杰出的人物。拿破仑说："我不如成吉思汗。不要以为蒙古大军入侵欧洲是亚洲散沙在盲目移动，这个游牧民族有严格的军事组织和深思熟虑的指挥，他们要比自己的对手精明得多。我不如成吉思汗，他的四个虎子都争相为其父效力，我没有这种好运。"印度前总理尼赫鲁说："成吉思汗即使不是世界上唯一的、最伟大的统帅，无疑也是世界上最伟大的统帅之一。"

蒙古族在征服世界的进程中，实行了值得称道的开明的宗教政策。国际陆路交通是成吉思汗祖孙三代三次西征的产物，由此开辟了中国通往波斯的通道，这大大便利了彼此之间的文化交流、科教传播与经济交往。亚欧之间经济文化的交流直接促进了历史的进步。

然而我们不能避讳，成吉思汗所领导的战争的确给世界文明造成了巨大的破坏。千秋功过，任后人评说。对成吉思汗的功过是非，700年来争论不休，将来恐怕还将继续争论下去。

马背上杰出的政治家、军事家

目录 Contents

第一章
血火摇篮

铁木真出世 ………… 2
定亲结缘 ………… 4
杀父之仇 ………… 6
幼儿寡母 ………… 8
众叛亲离 ………… 9
遇伏被擒 ………… 11
死里逃生 ………… 13

第二章
荣登汗位

新婚之喜 ………… 18
送礼结义 ………… 20
娇妻被劫 ………… 22
借兵复仇 ………… 24
迎回爱妻 ………… 26
自谋出路 ………… 28

第三章
统一草原

翻脸成仇	35
一箭双雕	38
诛杀亲王	41
复仇之战	44
宽宥叛徒	47
巴泐渚纳誓约	50
横扫草原	60

第四章
降夏灭金

降服西夏 …… 71
萨满叛乱 …… 74
覆灭金国 …… 77
西方动乱 …… 82

第五章
纵横欧亚

继承人之争	87
大军西征	93
逼死摩诃末	98
击败扎兰丁	101
远征南俄	104
会见长春真人	109
覆灭西夏	113
魂归草原	116

名人年谱 …… 121

第一章

Chengjisihan

血火摇篮

艰难的环境一般不会使人沉没下去的，但是，具有坚强意志、积极进取精神的人，却可以发挥相反的作用。环境越是困难，精神越能发奋努力，困难被克服了，就会有出色的成就。这就是所谓"艰难玉成"。

——郭沫若

▶ 铁木真出世

历史悠久的蒙古族生活在气候条件相对恶劣的蒙古高原地区。他们以游牧狩猎为生，马是他们最重要的生产、生活工具。到了12世纪，当周边地区都已经相继进入封建社会的时候，蒙古人仍然停留在奴隶社会的边缘。他们分为不同的部落，不同部落之间交互攻杀，《蒙古秘史》中对此有一段生动的描写："大地滚滚翻腾，天下到处作乱。谁能在被窝里安睡？人们互相残杀。"英雄铁木真就出生在这样一个血与火的时代，时代注定了他将要弯弓射箭，在厮杀中度过一生。

他的父亲也速该是一个强大部落的首领，一位杰出的好汉。他的母亲斡额仑夫人是也速该从蔑儿乞惕部抢婚得来的，也是一个性格刚毅的女子。铁木真是也速该和斡额仑夫人的长子，大约诞生于1162年。

12世纪，宋、金、西夏各自称王，雄踞一方，相互对峙，战争频起。1161年，金世宗完颜雍政变称帝，随后他忙于稳定内部，发兵攻宋，无暇顾及天高皇帝远的漠北地区。在这里，蒙古、塔塔儿、乃蛮、克烈、篾儿乞等各自为政，相互征战已是常态，显然没有明确的原因和目的。其中蒙古部与塔塔儿部之间的无休止征战就是由一个偶然的事件引起的。

塔塔儿部是蒙古草原东面的一个大部落，那里有最富饶的草地牧场和7万户牧民。蒙古部与塔塔儿部之间的战争从也速该的祖父合不勒汗时就已经开始了。当时，合不勒汗之妻是翁吉剌人，其兄赛因斤突然得了重病，请了一位塔塔儿部的巫医为其治病。

那巫医自称能传达鬼神的旨意，事实上是骗财骗物，混吃混喝。轻病不治自愈，算是巫医的功劳；重病一命呜呼，算是病人命里注定。上了年纪的赛因的斤当时已病入膏肓，没几日便魂归西天了，而翁吉剌人却以为赛因的斤的死纯属塔塔儿部的巫医所害，一怒之下将巫医杀死。塔塔儿人一听到本部巫医被杀，立即大兴复仇之师进行讨伐，而翁吉剌部素以美女著称，力量弱小，便向蒙古部求援，合不勒汗和他的儿子们当然责无旁贷，立即出兵支援。于是，蒙古部与塔塔儿部便结下了不解之仇，长期交战不休，新仇旧恨，代代相传。

合不勒汗死后，也速该的伯父俺巴孩继位。他认为蒙古部没有必要代替翁吉剌部同塔塔儿部相对峙，于是亲自到塔塔儿部为儿子求妻，想以此来缓和蒙古部与塔塔儿部的敌对关系。但塔塔儿部并不知其用意，以为这是对他们的故意侮辱。于是，塔塔儿人活捉了俺巴孩汗，并将其送予金朝皇帝。金朝皇帝将俺巴孩汗活活钉死在了木驴上。后来，同辈份的斡勤巴儿合黑也以同样的方式被钉死在了木驴上。自此以后，两部的矛盾更加激化。

1162年秋，蒙古高原苍茫辽阔，秋高气爽，草原在阵阵微风中闪着绿色的光波，一眼望不到边，牛羊若隐若现。突然，马蹄声疾驰，打破了草原的宁静。

飞驰的快马上，一个勇士左手执长矛，右手拽马缰，身子微微前倾，不断地吆喝着。

铁木真出世

这个勇士是大草原上著名的蒙古部首领也速该，他之所以疾驰回家，不仅仅因为他刚刚战胜了塔塔儿部，还因为他活捉了塔塔儿部的一员大将。

"家里出了……大事！"一位家人骑马赶到战场，边喘着粗气边报告说。

也速该的心里咯噔一下，一阵发慌："莫非又有别的部落乘人之危，从背后袭击了我们的驻地？"

"是一件大喜事！您的夫人斡额仑为您生下了一位小英雄。"仆人喘了口气才把话说完整了。

"哈哈哈哈……我有儿子啦！嘿嘿嘿嘿，哈哈哈哈……"笑声在辽阔的草原上回荡着。

到达驻地后，也速该迫不及待地冲进帐篷，抱起胖乎乎的婴儿。这个婴儿天庭饱满，鼻直口方，满脸生辉。家人告诉他说，"孩子一生下来，就手握鲜红凝血"。

随后，他们请来了草原术士为孩子算命，尤其想弄明白凝血的来历。草原术士的解答是："凝血，代表着祖宗的荣誉。手握凝血说明他会让祖宗的荣誉增添新的光辉！"

正巧，也速该在刚才的战争中俘获了塔塔儿部的一名头目，名叫铁木真兀格。按照古代蒙古人的习惯，也速该就用俘虏的名字"铁木真"给儿子命了名。

"铁木真"意为"精钢"，含有"铁"的意思。这样，战乱中降生的一代天骄，其名字本身也深深地打上了社会动乱的烙印，同时也承担了从先辈那里传承下来的历史使命。

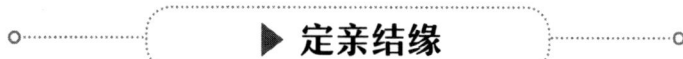

▶ 定亲结缘

蒙古族是一个马背上的民族，铁木真很快就跟着父亲学会了骑马。随后，他又跟着父亲学会了扔髀石打野兽，使长矛、刀剑。

日月如梭，转眼之间，铁木真已经9岁了。一天，也速该狩猎回来，看到铁木真和伙伴们玩娶亲、当皇帝的游戏。许多家臣的孩子们两手执柳条,在铁木真左右来回挥舞,掩护着他。

也速该心想,孩子大了,也该谈婚论嫁了。但是,按照当地部落的风俗,只能是"异族通婚"。他和妻子商量,决定到斡额仑的娘家"美女之乡"——翁吉剌惕部落去给铁木真寻一门亲事。

小铁木真对于定亲的事并没有多大兴趣,可是,一听要去看外公、外婆,心里头非常高兴。金秋打籽之季的一天,也速该调驯了坐骑,新置了彩鞍,给铁木真换上了一身簇新的蒙古袍,离开了驻地。

不知不觉,天色已晚,马腿已软,也速该一看,原来已经到了翁吉剌惕部落。他们下马,牵马到泉边饮水,迎面走来了一位满面红光的老人。

"啊,您是蒙古部的首领也速该吧?什么风把您吹到这里来了?"

也速该一看,原来是他的昔日好友德薛禅。"德薛禅"相当于汉人所说的"智者",是一个很受族人尊敬的人。也速该赶忙上前打招呼说:"我带我的大儿子铁木真来认认亲,顺便给他定门亲事。"说罢,便让铁木真来行礼。铁木真十分伶俐,张口便打招呼:"伯伯好!"

德薛禅眯起老眼细细打量起铁木真来:只见这孩子耳大贴肉,鼻如悬胆,背耸三山,声如远钟。他拍了拍铁木真的双肩,兴奋地对也速该说:"我昨天晚上做了个梦,梦见一只白海青鸟(草原民族的传说中的神鸟)带着太阳和月亮从远处翱翔而来,落在了我的手掌上。太阳和月亮给我们草

也速该与德薛禅定亲

原带来了光明，也带来了希望。今天您带着儿子不远千里来寻亲，让我一出门便撞上了。莫不是我的梦预告您携喜而来？"

也速该听得入了神，德薛禅接着兴高采烈地说："我看这样吧，你们父子赶了这么远的路，一定累了，到我家歇息一晚，顺便看一下我的小女儿，说不定和您的儿子是天生的一对呢？"

也速该正想找个地方过夜呢，他愉快地接受了德薛禅的邀请。

很快，他们来到了德薛禅的帐篷，德薛禅是部落贵族，帐篷里家具、装饰等豪华而完备。见了德薛禅10岁的女儿——孛儿铁，果然美丽动人，也速该心里甚是满意，铁木真也很高兴。也速该和德薛禅当场就把婚事订下来了。

当夜，德薛禅差人置办了一桌丰盛的订婚宴席，两家人在喜庆祥和的气氛中喝着马奶酒，品尝着香喷喷的菜肴，憧憬着不久后的美好姻缘。

杀父之仇

按蒙古族的规矩，订了婚的女婿要在岳父家住一段时间才能回自己的部落。

于是，铁木真留下了，而也速该也高高兴兴地踏上了回家的路。可谁也不会料到，杀身之祸就在前面等待着他。

一路上，也速该又渴又饿，路经塔塔儿部的营地，正碰上塔塔儿人在大摆筵席。按照当地的风俗习惯，如果路人遇见当地人举行宴请活动，不需要等主人邀请就应该主动加入宴会。但是，也速该想到以往的恩怨，犹豫了一下，转而又想："战场是战场，宴会是宴会。离开了战场，还应该是朋友。"于是，他停了下来，与塔塔儿人共赴宴会。

然而,举行宴会的正是9年前与他作战的铁木真兀格所属的氏族,有几个曾经跟随铁木真兀格作战的人一眼就认出了也速该,他们亲眼看见也速该将铁木真兀格捉去。也速该也认出了其中的某些人,但他哪里能够想到,面前是一条万劫难逃的不归之路——塔塔儿人在酒里下了毒,假装殷勤地向也速该捧杯敬酒,也速该大口大口地将马奶酒喝得干干净净。

宴会结束后,也速该辞别塔塔儿人,骑上马背,欣然回家。谁知半路上,肚子疼痛难忍,顿觉天旋地转,此时,也速该才明白自己遭了塔塔儿人的暗算。为了不死在半路上,他策马加鞭,向着自己的驻地疾驰。茫茫的草原被阴郁的气氛笼罩,鸟不鸣,虫不嘶,只有秋风拂过枯草,如泣如诉。

到达自己的蒙古包时,骏马哀鸣,声震四方。接着,也速该从马背上滚了下来。

也速该中毒

众人将他扶进帐中,他断断续续讲了发生的事情,最后嘱咐妻子道:"一定要把铁木真抚养成人……让他……牢牢记住,我……是被塔塔儿人毒死的,要他……为我报仇!"

斡额仑夫人含泪答道:"我一定会把铁木真抚养成人,为你报仇雪恨!"说罢,也速该欣慰地笑了笑,便气绝而亡。

铁木真得知父亲去世的噩耗后,日夜兼程,乘马飞奔回家。当铁木真披星戴月地赶回家时,父亲的尸体已经冰凉。铁木真伏在父亲的尸体上整整哭了一夜。第二天,铁木真重理思绪,发誓要为父亲报仇雪恨,彻底消灭塔塔儿人。

▶ 幼儿寡母

泰赤乌族和孛儿只斤族是尼伦部的两个大族，尼伦部的汗权一般保留在这两族中，各贵族之间也在不断争夺权力。

自从泰赤乌族的俺巴孩汗被钉死在木驴上之后，蒙古各部便开始了争夺汗权的斗争。泰赤乌族希望俺巴孩汗的10个儿子中有一人能够出任可汗。但是，各支贵族也都争相要做可汗，相持不下只好推举孛儿只斤族的忽图刺做了可汗。忽图刺死后，其子拙笨，致使蒙古各部多次被金世宗派兵屠杀，牧民们奔走疲劳。而当时的泰赤乌族的诸兄弟、子侄之间仍然是纷争不和，只有孛儿只斤族的也速该战功卓著，深得民心，最后被推举为可汗。那些没有争夺到汗位的蒙古贵族对也速该怀恨在心，嫉妒满腹。

也速该一死，尼伦部成了一群乌合之众。铁木真一家幼儿寡母，备受欺凌。

一天，尼伦部的贵族上山祭祀祖先，斡额仑夫人带铁木真跪下祈求："祖先啊，神明！睁开慧眼，保佑我儿平安长大，好继承光辉灿烂的祖业……"

泰赤乌部老祖母斡儿伯听了冷笑道："尼伦部落首领历来由泰赤乌族与孛儿只斤族轮流担当，你们孛儿只斤族任首领只是意外，所以神明让也速该速死，好让我的孙子塔儿忽台承继祖业……"

斡额仑咽不下这口气，同斡儿伯争吵起来。塔儿忽台看铁木真年纪幼小，无力反抗，便把他们母子赶下了祭祖山。

也速该死后的第二年春天，正逢每年一度的春祭活动，尼伦部人准备了许多献给老祖宗的供品，这些供品在祭祀活动之后会分给族人，象征着吉利，收不到供品的人就意味着被开除族籍了。这次，主持祭祖典礼的是泰赤乌族俺巴孩汗的两个夫人斡儿伯和莎合台，她们有意不请孛儿只斤族的斡额仑母子来。但是，斡额仑夫人偏偏来了，可是却来晚了。他们到祭祀地时，仪式已经结束，祭品分享已开始，他们被拒绝分得

孤儿寡母

任何供品。斡额仑夫人知道自己的儿子还小，斗不过他们，争吵几句后便带着孩子们愤然离去。

从萨满教的传统来看，被排斥于祭祖仪式，就是否定了作为部族中一员的合法身份。在自己的蒙古包里，斡额仑夫人意味深长地对铁木真说："孩子啊，如果你有远大志向，就暂时咽下这口气，等你长大了再为你父亲报仇，为我们雪恨！"

铁木真似乎一下子成熟了。他咬了咬牙，信誓旦旦地说："母亲，这个仇我一定会报的！"

▶ 众叛亲离

祭祀过后，俺巴孩汗的孙子塔儿忽台软硬兼施，决定将也速该生前的全部属民百姓都拉去游牧，并把他们的牲畜全部赶走。而斡儿伯和莎合台则在一起商议着一个杀人不见血的毒计，她们决定马上起帐拔营，远走高飞，让斡额仑孤儿寡母在茫茫草原中

孤独而死，让他们成为野狼口中的食粮。

第二天一大清早，当斡额仑家人醒来时，族里的人们都不见了，牲畜也都被赶跑了，只剩下少数人和铁木真的祖叔父脱延朵。但是没过几天，脱延朵也开始拆帐篷了。

这可怎么办？为了不让母亲伤心，铁木真打破不肯在别人面前说软话的惯例，前去请求脱延朵："祖叔父，我父亲在世时，对您非常敬重，看在我冤死的父亲份上，您就留下来吧！"

脱延朵仍然拆着自己的帐篷，面部表情木然、冷酷。铁木真以为自己是一个孩子，没有权利和脱延朵说话，便去请察剌合老人帮忙劝说脱延朵留下来。

察剌合老人走到脱延朵跟前，说："做人要有良心，看在死去的也速该的面子上，你就留下来吧！"

然而，脱延朵却说："水已干涸，石已破碎，留，已经没有意义！"也就是说，也速该已经死了，恰如河水干涸，岩石风化，石头破碎，失去了靠山，为什么还要在这里受苦受罪？

察剌合老人面对冷冷的面孔，生气地说道："也速该在世时对你多好，难道你都忘了吗？你连点情谊都不讲，良心何在？"

脱延朵恼羞成怒："老东西，你自己留下来做替死鬼吧！"说完，顺手抄起一根长矛刺向察剌合老人，结果刺中了察剌合老人的背部。老人还没有转过神来就已经倒在了地上，血流成河，但他仍在呻吟着："众兄弟啊，你们……你们应该对得起也速该首领的在天之灵啊！"说完，察剌合老人就撒手人寰了。

所有的人都离开铁木真一家远去了，家里也没有了牲畜，斡额仑一家既无马群可看，又无羊群可牧。

原来的驻地上冷冷清清，只有一些残灶、辙印、马粪点缀其间，还有孤零零的两座帐篷。

斡额仑不甘心自己的部落就这样衰败下去，她举起绣有"也速该"的大旗，一户一户地去劝说。就这样，一些有良知的部属又被招回了。但是，毕竟孤儿寡母统领不了整个部落，被招回的部分部属不久又重新解散了。

在辽阔的蒙古草原上，没有亲情，没有法律，实力主宰一切，强权代表真理。但是，温室无劲草，高山出劲松。正是苦大仇深的遭遇和艰苦的生活，磨炼了铁木真坚强的性格。

▶ 遇伏被擒

铁木真兄弟们一天天长大成人，他们跟随母亲在斡难河畔放牧、打猎、捕鱼捞虾，家境逐渐好转。随着时间的推移，铁木真更加健壮，遇事也懂得深思熟虑，再加上手握凝血出生的神奇经历，方圆千里的牧民都传说铁木真是个奇才。泰赤乌氏的首领塔儿忽台本以为铁木真他们会在苦难中丧命，可他做梦也没有想到铁木真会在仇海中成长为好汉。

焦虑的塔儿忽台报告自己母亲说："铁木真威名渐大，恐怕有朝一日会重整旗鼓，掠我人口和牲畜！"

"蠢！那你不会在他翅膀还没硬的时候……"塔儿忽台的母亲冷冷地使了个眼色，塔儿忽台遂知其意，一拍大腿，哈哈大笑。上次，由于铁木真的父亲也速该尸骨未寒，他虽然孤立铁木真母子，却怕把事情做得太绝，影响不好。可这次，面对着更严重的生命威胁，他顾不得那么多了。塔儿忽台说干就干，召集自己的族众，准备斩草除根。

这天，铁木真兄弟在山上放牧，斡额仑夫人和速赤夫人在帐篷外清理牛圈和羊圈。幸好有个老仆人听到急促的马蹄声，看到黑压压的骑兵，知道来者不善，便招呼不远处的铁木真兄弟赶紧

带着牲畜回家。

　　斡额仑夫人早就预料到了这一天,平时的日子里她就准备了许多树枝、树干,以便紧急之时做防护栅栏。这天她看到骑兵已到眼前,逃跑已是不可能,于是,她决定扎一个防守的营寨。铁木真的兄弟别勒古台虽然只有十几岁,却已经力大无穷,他迅速将已经准备好的树木做成藩篱。铁木真命令自己的兄弟用树干掩护家人,自己则用弓箭阻止敌人的进攻。在连续射倒几个冲在前锋的泰赤乌人的小头头后,泰赤乌人甚是震惊。塔儿忽台原以为对付幼儿寡母,恰如对付几只羔羊般轻而易举,可是他做梦都不会想到,不仅没有抓住"羔羊",却被"羔羊"吃掉了几只"狼"。

　　为了减少伤亡,塔儿忽台喊道:"喂,你们听着,我们只捉拿铁木真一个人,只要把他交出来,其余的人我们一个都不会伤害。"狡猾的塔儿忽台是想先抓住铁木真,然后就可以轻而易举地消灭对方。

　　铁木真一听,牺牲自己一人便可拯救全家,于是准备挺身而出。母亲看出了儿子的意思,一把将他拦住,告诉他不要上当受骗。斡额仑夫人把他拉到帐篷里,给他带上了些马奶和干粮,示意他从栅栏后门冲出去,到附近的树林里躲几天。

　　铁木真明白母亲的用意,带上母亲递过的东西,跨上快马,跑向山林深处。塔儿忽台看到了铁木真的背影,奋起直追。

　　铁木真因为对这一带路熟,抢先穿过密林,钻入山中。泰赤乌人不熟悉这里的地理环境,在山下林间窜来窜去,找不到进山的路,他们不想放弃,但又没有办法,只好派人包围了铁木真藏身的那片山林。

　　斡额仑夫人趁塔儿忽台追铁木真的机会,和速赤夫人迅速带着自己的子女转移到了树林深处。

　　铁木真在山林深处躲着,不多久,随身带的食物和马奶都没有了,只好饮露水解渴,吃野果、野菜充饥。但是这种生活毕竟不能长久,他常常于半睡半醒之中看到自己的父亲,父亲不断地嘱咐自己:早日振兴家业,报仇雪恨。九天九夜之后,他又饥又渴,心想敌人该撤兵回营了,于是牵着马走出山林。

铁木真被擒

谁知,不肯善罢甘休的塔儿忽台还在山林周围等待着。他早就料到,超不出10天,铁木真定会现身。

果然,铁木真刚一露面,骑兵便一拥而上,无数把刀架在铁木真的脖子上。他们给铁木真带上枷锁,把他关在一个帐篷里,派人看守,并且准备庆祝一番,然后再把他杀掉。

▶ 死里逃生

举行宴会的这天晚上,只有一个少年看守铁木真。铁木真借着朦胧的月色,悄悄走到少年身后,举起木枷击向少年的头部,少年昏倒在地,他趁机逃出帐篷。

没多久,被击昏的少年醒过来,大呼:"来人哪,不好了,犯人逃跑了!"塔儿忽台听罢,立即召集人马,分组在四周搜查,包括附近的林子、铁木真家方向的草原、斡难河畔的草丛和芦苇荡等。

当铁木真逃到河边时,追兵的马蹄声笃笃而来,铁木真纵身跳入水中,利用木枷的浮力藏于水中,只让鼻子露出水面。但那是个月朗星稀的夜晚，水面上的一举一动都可以看得清清楚楚。负责搜查河边的速勒都孙氏的锁儿罕失剌很同情这个未成年的孩子，他一眼就看出了水面的动静，但他假装没有看见，派人报告塔儿忽台，水面

铁木真藏在河里

没有动静……临收兵时，他偷偷告诉铁木真，让他在这里藏着，会尽快想办法救他出去。

回到营地后，锁儿罕失剌对塔儿忽台说："天也快亮了，咱们休息一下再找也不迟，更何况他带着木枷，只靠两只脚不会跑多远。"

趁大家回家休整的机会，锁儿罕失剌回到自己的蒙古包，然后匆忙带上自己的两个儿子沈白、赤老温偷偷地去河边接回铁木真，用斧头劈开铁木真的木枷，并把木枷给烧了。

塔儿忽台寻不到铁木真很着急，他命令自己的部下挨家挨户地搜查。为了掩护铁木真并让他顺利回到自己的营地和自己的母亲、兄弟团聚，锁儿罕失剌把铁木真藏在羊毛车中。搜兵很快搜到了锁儿罕失剌的毡房，眼看着他们向藏有铁木真的马车走去，锁儿罕失剌一家人心急如焚，高度紧张起来。

千钧一发之际，锁儿罕失剌聪明伶俐的女儿合安答端着两碗马奶酒走出来，递给被羊毛的膻腥味呛得直咳嗽的两个搜查兵："二位大哥，我来帮你们翻吧！"

合安答没等搜查兵同意，就在羊毛车里假装翻找起来，边说："大热的天，外边都这么热，更别说羊毛里呢。若是真藏在这里啊，估计得闷死、热死。"合安答还故意将羊毛扬得老高。两个搜查兵热得满头大汗，还沾了一脸羊毛，快快地离开了锁儿罕失剌的帐篷。

搜查兵一走，铁木真从羊毛车里探出头来，脸上沾满了羊毛。他向合安答鞠了一躬："铁木真十分感谢你，小妹妹，是你救了我的性命，我铁木真永生不忘！"

合安答调皮地笑道："恐怕你走出这里的那刻就把我忘到九霄云外去了。"

铁木真一听急了，正想发誓，锁儿罕失剌走过来说："我们救你并不是为了图报答，等风声一过，请你尽快回到你母亲身边吧。"

风浪渐渐平静下去，一个风和日丽的上午，锁儿罕失剌为铁木真准备了一匹善跑的白马，煮了一只羔羊，准备了一些马乳，此外，还准备了一张弓和几支箭，送铁木真离开了这个危险之地。

铁木真回到了原来的驻地，见到的只是一些残灶、马粪和一些战斗过的痕迹，却没见到自己的家人，他根据草地上人畜行走的脚印以及牧草被吃过的痕迹，沿着斡难河走了很远很远的路，才与自己的母亲和弟弟妹妹团聚。

而自被泰赤乌人袭击后，斡额仑带着几个孩子四处奔逃，不断打听铁木真的下落。没有了铁木真，斡额仑感到复仇无望。铁木真的归来重新给这个家族带来了希望。

名人名言·理想

1. 老骥伏枥,志在千里。烈士暮年,壮心不已。

——〔东汉〕曹操

2. 生活的理想,就是为了理想的生活。

——张闻天

3. 立志是一件很重要的事情。工作随着志向走,成功随着工作来,这是一定的规律。

——[法]巴斯德

4. 人生重要的事情就是确定一个伟大的目标,并决心实现它。

——[德]歌德

5. 理想是指路明灯。没有理想,就没有坚定的方向;而没有方向,就没有生活。

——[俄]列夫·托尔斯泰

6. 奋斗就是生活,人生惟有前进。

——巴金

7. 活着不能与草木同腐,不能醉生梦死,枉度人生,要有所作为。

——方志敏

8. 一个人的理想越崇高,生活越纯洁。

——[英]伏尼契

9. 生活中没有理想的人,是可怜的人。

——[俄]屠格涅夫

10. 为中华崛起而读书。

——周恩来

第二章

Chengjisihan

荣登汗位

　　一朵成功的花都是由许多雨、血、泥和强烈的暴风雨的环境培养成的。

——冼星海

新婚之喜

时光飞逝，岁月如梭。铁木真兄弟一天天地长大，他们的困难处境也慢慢得到改善，多灾多难的岁月即将过去。这一年，铁木真已经18岁了，身材魁梧，英俊威武，已经成为一位英勇顽强的蒙古骑士。

诃额仑夫人看在眼里，喜在心头，她想：铁木真成人了，应该考虑结婚的事情了。一提到结婚，她想起了可怜的丈夫也速该，他就是为铁木真求娶翁吉刺惕部的德薛禅之女孛儿铁时，在回来的路上惨遭毒手的。时隔多年，翁吉剌惕部还会不会承认这门亲事？虽然这几年他们的生活状况有所好转，但是，不管怎么说，也速该这棵"大树"已经倒了。

虽然诃额仑夫人心里没有把握，但她还是抱着一线希望，把铁木真叫到了跟前："孩子啊，你也到了谈婚论嫁的年龄了，孛儿铁也应该长大成人了，如果德薛禅仍然信守婚约的话……"诃额仑犹豫了一下。

"母亲，孩儿明白。"铁木真明白了母亲的意思。

"过些日子，让别勒古台陪你去一下翁吉剌惕部，也好知道事情是否有变化。"

诃额仑夫人选了一个晴朗的早晨，便让兄弟俩上路了。

此时正值晚春，草原像美丽的天堂。嫩绿水灵的草甸子，一望无际。路边开满了野花，各色蝴蝶穿梭其中。

铁木真带着别勒古台很快就来到了翁吉剌惕部的德薛禅家。

德薛禅正要出去牧马，忽然看见两个年轻人骑马飞驰而来，他一眼就认出了其中一人是铁木真，他喜出望外，高兴地说："铁木真，我的孩子，一晃9年过去了，你总算没有忘记我们！"

德薛禅将铁木真兄弟请到毡包里，拿出家里最好吃的东西招待他们。

铁木真迎娶孛儿铁

德薛禅一家人就像过节一样欢乐。铁木真一边品尝着美酒佳肴一边想：母亲的担心是多余的，德薛禅一家根本没有不守婚约的意思。铁木真十分感激德薛禅老人，因为他没有嫌弃自己家境败落，而信守诺言，愿意把女儿嫁给他。

铁木真逃脱泰赤乌人追捕的事情德薛禅早就听说了，还听说了他只身追回被盗马匹的传奇经历。此时此刻，德薛禅想到铁木真小小年纪就经历了那么多危险，不禁自责起来：在女婿最艰难的岁月，自己竟没有提供任何帮助……

铁木真急切地盼望见到自己的未婚妻，开始在宴会上找寻孛儿铁。

德薛禅老人这时把如花似玉的孛儿铁从帐篷后面叫了出来。铁木真异常兴奋，因为孛儿铁竟出落得如此美丽动人。

孛儿铁脸上绽放着笑容，心想："我早就料到，暴风吹不怕雄鹰，恶狼吓不倒猎犬。"

铁木真在岳父岳母家并没有停留太久，他赶着回家和母亲商定亲事。

孛儿铁

良辰吉日选好后,铁木真来到翁吉剌惕部迎娶新娘。婚事办完后,德薛禅夫妇陪送了丰厚的嫁妆,包括送给铁木真的母亲斡额仑夫人的一件珍贵的黑貂皮袄。这些嫁妆用八匹骆驼驮着,后面还跟着一大群绵羊,他们亲自护送女儿女婿回家。

▶ 送礼结义

在德薛禅家举行完婚礼后,铁木真就带着美丽的妻子和浩浩荡荡的陪嫁队伍回家了。斡额仑夫人早就操办好了盛大的欢迎宴会。孛儿铁的到来使铁木真的驻地沸腾了!铁木真成亲的消息,迅速在蒙古草原上传开来。

铁木真结婚成家是一个里程碑,标志着苦难的年代已经过去,他已逐渐成为一名强有力的年轻有为的大丈夫。在他周围,一些人开始感到恐惧和威胁,另一些人则从他身上看到了希望并争相归附他。鉴于这种形势,他可以着手恢复昔日的部落了。

铁木真带着新婚妻子回家

铁木真的父亲也速该曾帮助草原上最强有力的首领之一王罕(也就是脱斡邻勒)恢复了汗位,使王罕重新登上了克列亦惕部王位宝座。克列亦惕这个民族一直在土拉河流域游牧。铁木真现在地位稳固,因此认为可以向王罕重提这些往事而又不致使王罕感到讨厌了。当然,他的处境刚刚好转,因而在同王罕重提往事时不得不表现得十分谦虚谨慎。但与此同时，他在与王罕谈话时又得表现出足够的尊严，这种尊严足以使对方感到他确实是名门之后，非等闲可观。

铁木真带着他的两个弟弟合撒儿和别勒古台顺利地来到了目的地。铁木真在向王罕作自我介绍时说："我的父亲当年曾经和您结为兄弟，所以今天您就是我的父亲。"

为表示对王罕的孝敬之意，年轻的铁木真向这位克列亦惕王献上了一份特别珍贵的礼物——一件黑貂皮袄。这是孛儿铁的母亲送给他母亲的礼物，他现在却赠送给了王罕。

王罕见对方送来如此厚礼，又见对方对自己如此尊敬，心中十分高兴，当即保证帮助铁木真重振其父曾建立起的王国。

这是一种庄严的契约。通过这种契约，克列亦惕部王确定自己是铁木真的保护人。同时，通过这一契约，铁木真也正式承认了自己是受王罕保护的人，甚至是王罕的附庸。这一十分重要的契约后来一直持续到1203年。在从缔约之日起到1203年整个这段时期中，克列亦惕人根据其首领许下的诺言一直支持着铁木真。这种支持使铁木真后来得以战胜蒙古大多数部落。与此同时，铁木真对他的保护人王罕也忠贞不贰，这种忠诚也使王罕得以粉碎各种叛乱和入侵。

的确，自从缔结了这一契约以后，铁木真的地位更加巩固了，许多后来对他的事业颇有贡献的朋友来到或回到了他的身边。他从克列亦惕部回到自己的营地克鲁伦河上游不儿吉岸后不久，一些仰慕他声望的人即前来投奔他，成了他的新伙伴。例如，兀良哈惕部的札儿赤兀歹老人背着打铁用的风箱从不儿罕合勒敦地区，来投奔铁木真。这是很有意义的，因为，在阿尔泰山地区，无论是靠近蒙古一侧还是靠近西伯利亚一侧，人们素以擅长冶金而闻名。从不儿罕合勒敦圣山前来投奔铁木真的札儿赤兀歹老人是一个经验丰富的老冶金匠人，他掌握着铸造锋利的宝剑和箭镞的秘

密。札儿赤兀歹老人除了带来冶金技术以外，还带来了他年轻的儿子者勒篾，这位好心的老人对铁木真说："当年您出生的时候，我就在您的身边，我把我的貂皮袍子给了您。我也曾经想把我的儿子送来给您当奴仆。但是当时我的孩子还小，所以我就将他带回去抚养。现在我的儿子已经长大成人，可以用他来给您开门备马了。"

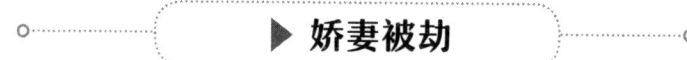

娇妻被劫

铁木真自从完婚、拜义父后，家畜兴旺，一切顺利。看来，复兴家族真的有希望了。但是，现实中的进展并不如他们想象得那样顺利。

铁木真三兄弟刚刚告别义父，从克列亦惕部返回到营地，篾儿乞人就来复仇了！原来，斡额仑夫人本是篾儿乞人也客赤列都的妻子，是铁木真的父亲也速该将她抢来做了自己的妻子。也客赤列都如今听说也速该的儿子铁木真娶到了貌美如花的妻子，便前来袭击。

一天夜里，草原牧民还在梦乡之中，铁木真家的女仆豁阿黑臣到外面小解，突然听到一阵急促的马蹄声，以为又是泰赤乌人来袭，赶快回到帐篷叫醒了斡额仑夫人。斡额仑夫人大吃一惊，赶快命令下人把全家人都喊醒。

人们听说泰赤乌人又来进犯，赶忙穿上衣服，各自带上吃的，骑上马，准备到附近的山上躲一躲。当时正是半夜，伸手不见五指，大家慌忙赶到帐外，谁也看不清谁，在紧张的气氛中匆忙准备出逃。

大家每人一匹马,唯独孛儿铁没有。由于天黑,时间紧迫,骑上马的人们一溜烟儿就不见了,铁木真指挥着军队向另一个方向逃走,他认为自己的母亲肯定会保护好妻子。可斡额仑夫人则认为,新婚的铁木真说什么也会安顿好或带上自己的妻子撤退。就这样,孛儿铁被丢在了最后面。女仆豁阿黑臣发现了无助的孛儿铁,顺手牵过家里仅剩的一头花牛,迅速将它套进车辕里,把孛儿铁藏在帐车内。豁阿黑臣发现已跟不上队伍了,决定先到附近的丛林里躲一下。

"什么人?"牛车很快被敌人发现。

"我叫豁阿黑臣,是铁木真家的仆人,正要出去收剪羊毛。"尽管女仆的心里在敲鼓,可她还是假装镇定。

追过来的骑兵打量了一下豁阿黑臣,暗自思量:一个女仆,抓了也没用。他挥了挥手,示意女仆离开。

豁阿黑臣心中好一阵高兴,长舒一口气。为了让孛儿铁彻底脱离危险,等那些骑兵走远了,她用鞭子猛抽那头大花牛,想尽快离开。

那头花牛一激灵,突然向前一冲,只听后边的车子咔嚓一声巨响,车轴断了,车子翻倒在山坡上。豁阿黑臣跳下车,正想帮孛儿铁爬出车外,却见刚刚走开的那几个骑兵正在回头看。他们看到从车子里跑出个大活人,马上往回赶。

孛儿铁还没有从车子里爬出来,刚才的骑兵已经来到了牛车旁边。

他们看着刚从车子里爬出来的漂亮少妇,恶狠狠地问道:"你,什么人,为什么在这里充当羊毛?"说完,嘿嘿奸笑起来。

妻子被抢

孛儿铁一看，事到如今，身份难以再隐瞒，于是理了理头发，整了整衣襟，坦然地说："我就是铁木真的夫人！"

骑兵一听，心中一阵窃喜：太好了，立大功了。他们赶忙将孛儿铁绑在马背上，兴高采烈地回去领赏了。

▶ 借兵复仇

孛儿铁被抢走了，女仆吓得瘫软在地，等她回过神来，一切都安静了。

铁木真的妻子被带到篾儿乞部之后，也客赤列都为了发泄仇恨，遂将孛儿铁许配给了其弟赤勒格儿。

铁木真和家人躲在附近的不儿罕山上。稍稍安顿后，铁木真便清点人数。清点完人数，铁木真没有见到自己的妻子，心急如焚。正在这时，豁阿黑臣跟上来了，她讲述了事情的经过，并告诉铁木真来袭的不是泰赤乌人，而是篾儿乞人。

铁木真感到很迷惑：自己和篾儿乞人无冤无仇，他们为什么要来偷袭？

斡额仑夫人满脸自责，将铁木真叫到跟前，告诉了其父也速该的夺妻之举。

按照当时蒙古的习惯，战胜者占有战败者的妻妾儿女是极为寻常之事，但铁木真咽不下这口气。他猛地将长矛往地上一扎，咬牙切齿地说："我要用篾儿乞人的血，来洗掉他们加在我头上的奇耻大辱！"

斡额仑了解自己的儿子，他一定会说得出做得到。但她深知现在不是报仇的时候，她示意铁木真去王罕那里借兵。草原人是不轻易发誓的,但一旦承诺了就会兑现,现在该是王罕兑现承诺的时候了。

第二天,铁木真骑上快马,直奔王罕营地。

铁木真到达克列亦惕部见过王罕,行礼之后,铁木真恳切地说明了自己的来意。王罕想到自己有誓言在先,他曾经对铁木真兄弟承诺——有求必应。更何况,王罕对篾儿乞人也是恨之入骨:他的母亲曾经被篾儿乞人强暴,小的时候他被迫沦为小奴隶,风里来雨里去地为篾儿乞人做苦工。

铁木真的求助正中其意,于是他大吼一声:"篾儿乞人欺人太甚了。"他毫不犹疑地答应了借兵之事,"铁木真,你的旧部,我会帮你聚集;你的爱妻,我会帮你夺回。"

随后,王罕开始策划战争。虽然凭自己的实力,篾儿乞人不是对手,但是,他们也不是一群饭桶,假如为了此等小事造成自己很大的伤亡,实在是不划算。

王罕分析了一下地形,估摸了一下形势,深思熟虑之后,他建议铁木真约札答剌部落的首领札木合,让他出一万兵马。铁木真快马加鞭,急奔札木合的驻地。

铁木真借兵

札木合是铁木真的结拜安答,即生死之交。铁木真父亲在世的时候,他们一起玩冰雪游戏,玩耍的时候在冰床上击髀石,结下了深厚的友谊,对天盟誓,结为安答,永不反目。但是也速该死后,他们再没有往来过。

札木合也是一个有才干的青年,他的周围聚集了许多勇猛的骑士。

带着义父王罕的承诺,铁木真来到了札木合的营地。

对于铁木真的突然来访,札木合十分诧异,问明来意之后,他爽朗地笑了，说："我的好安答，我一直挂念着你，但由于忙于族事，未有时间走访。放心吧，我会派一万人为左翼军助你们一臂之力的。"

札木合分析了一下形势，随后跟铁木真商定：三天之后，我军与王罕军在斡难河源头会合，然后再去攻打篾儿乞部。

王罕和札木合答应出兵了！铁木真带着这个好消息，回到了自己的营地，并将这个消息告诉了全家老小。家里人听了，个个都磨刀霍霍，准备跟篾儿乞人大拼一场。

▶ 迎回爱妻

铁木真借兵归来后，自己又拼凑了一万骑兵。等到约定的这一天，札木合的队伍早已等在了斡难河畔，但王罕的兵士迟迟不来。王罕的队伍不到，他们就不能按计划行事。铁木真没有办法，带着札木合及其队伍回到了自己驻扎的不儿罕山。

一天又一天过去了，直到第三天，王罕的军队才浩浩荡荡而来。札木合一开始疑是敌军，而走近一看，才知道是王罕的军队。札木合气愤地责备王罕不守信用。而王罕却不以为然："迟了就是迟了，没有什么了不起！"

铁木真顾全大局，劝住了他们的争吵。这样，他们三路人马一齐向篾儿乞人的大本营进军。

篾儿乞人抢了孛儿铁，早就料到有一天铁木真会来复仇，因此，随时准备迎战。

王罕虽然是部落之主，久经沙场，但是这等大规模的战争还是第一次打。他将目光转向铁木真，铁木真也没有经验，慌乱之中，篾儿乞人万箭如瀑已经紧逼而来。由于铁木真一方是联军，作战风格不一样，他们一时间乱了阵脚，只好撤退。

第二天，他们重整旗鼓，二度进军。这次，铁木真自己指挥军队，骑兵都带上了盾牌，挡住了飞射而来的箭，篾儿乞人无力再战，连连溃败。

这支联军势如破竹，一举攻下了篾儿乞人的营地。兵败如山倒，篾儿乞人顿时东逃西窜，死的死，逃的逃，一片狼藉。铁木真获得了辉煌的战果：牲畜、美女、财宝等。铁木真在战俘中反反复复找了三遍都没有找见自己的妻子孛儿铁，于是骑在马上大叫妻子的名字，可怜的孛儿铁从帐篷的后门走了出来，望着铁木真，含泪不语。

迎回爱妻

铁木真并未因孛儿铁曾经许配过篾儿乞人而对她怀有偏见，他带上自己的妻子回营了，将所有的财物留给了王罕，所有的骏马留给了札木合。

此次战争不仅仅是一场夺妻之战，更是铁木真统一全蒙古的良好开端。

▶ 自谋出路

夺妻之战结束后，王罕带着掠夺来的财物和自己的一帮人马返回了自己的驻地。而铁木真带着自己拼凑的一万骑兵，和札木合的人马一起来到了忽勒答合山前的一片牧草茂密的原野。

在这次战争中，铁木真第一次尝到了胜利的喜悦，而札木合第一次尝到了联合的甜头。两人站在忽勒答合山最高陡的山崖上，面对苍天，再结安答，立下誓言："苍天在上，高山为证，天地明鉴，我们兄弟今天再次结为安答，从今往后一定要同甘苦共命运！"说完，两人豪情满怀，举杯畅饮。他们带领的两支队伍自动地联合成一个大游牧群。

在以后的日子里，铁木真临时拼凑的一万兵士不仅保留了下来，而且队伍不断壮大。在夺妻之战中，铁木真初次显露出了自己的军事才能，大大地提高了他的声望。许多人看到铁木真是一个帅才，纷纷前来投至麾下，许多当年也速该管辖过的部属也回到了铁木真的部队。

这样，铁木真手下的人马，无论是在人数，还是在规模上，在很短的时间内便追上了札木合。他们在水草肥美的斡难河的上游和下游"逐水草而居"，过着平静的日子。

但铁木真没有忘记父亲的遗愿。他为了使自己的队伍壮大，一有空闲时间，就去训练他的部属，教他们射箭、打猎、防御，他决心训练出一支天下无敌的军队。

铁木真的力量慢慢地壮大，他的人性化管理与训练使附近的小部族也来投奔。大家都相互传颂着：铁木真将来必是一个了不起的大人物。

时间过得真快，转眼间，这对亲密的伙伴相处半年了。一天，札木合隐隐约约地听到人们的谈论："在我们营里，有两个了不起的首领，将来总有一个将成为我们的可汗！"札木合心里明白，他们所谈论的两个人就是自己和铁木真。当铁木真队伍还没有壮大的时候，他深信，将来的蒙古可汗肯定会是他。如今，大家把铁木真的名字和自己的名字相提并论，对他而言是件极具威胁性的事！虽然他表面上不露声色，内心里却暗自嘀咕。

第二年春天，札木合内心的矛盾开始尖锐起来，而铁木真并没有察觉。这一年的春天来得比较早。大草原上的残雪渐渐融尽，小草发芽，到处是嫩绿色，呈现出一片勃勃生机的景象，又到了向新的草原迁移的时候。

一个风和日丽的日子，铁木真和札木合的人马收拾起篷帐，带着牲口并行前进着，数不尽的牛群、马群、羊群，像彩色的波浪一起一伏地在大草原上涌动着……他们要到哪里安营扎寨他们自己也不清楚。铁木真和札木合并排骑着马，走在队伍的最前面，说说笑笑。

扎木合

札木合有时不免回头远眺，陷入沉思之中。开始，铁木真手下并无一兵一卒，是自己协助他夺妻，他的威望才日益增高，这一切都是自己帮助铁木真的结果。铁木真的队伍成长得太快了，照此下去，自己早晚会成为他的部下。

札木合转移正在谈论的话题，一语双关地说："养马的要靠山而住,这样他们安心地躺在帐篷里就可以照顾着自己的马群;养羊的要依河而居,这样就不愁没有青草喂了。"

开始,铁木真以为札木合只不过是想自己做主择地方,他并不计较,让他决定好了。可是札木合又接着说:"你们部族牧马的多,而我们部族牧羊的多,你看该怎么办呢?"

铁木真听了这几句话,忽然愣住了,心想:向来,草原上视"养马的"为贵族,而"养羊的"为平民,莫非,自己的这个安答要和自己分手?

铁木真回答道:"您看呢?"

"咱们放牧的习惯不大一样,你看我们是否分开寻找牧场?"

铁木真明白了,自己的感觉没有错。但是,此时此刻,铁木真没有表态。

晚上,铁木真把札木合的话跟斡额仑夫人和孛儿铁说了,孛儿铁立即提醒道:"照这样看来,札木合不仅要和你分手,说不定他还要害你呢!"

一山容不得二虎,铁木真觉得妻子说得很对,于是悄悄派人传令本部队伍,今夜继续赶路,不得停息。这样,铁木真带领队伍连夜离开了生活多年的斡难河,长途跋涉,迁营到了怯绿连河(今克鲁仑河)上游,建立起了自己独立的营地。

至此,铁木真摆脱了对札木合的依附,今后可以更加大胆地发展自己的队伍了。

铁木真不愧为军事天才,他很懂得选才任能。在来投奔铁木真的人中,有二十多人被封为了小头目,他们在自己的位子上各谋其政,忠心辅佐铁木真,共创蒙古帝国。

一天,札木合安答的族人豁儿赤也来投奔,他一见到铁木真,就兴高采烈地对他说:"贤弟啊,我给你带来了一个好消息。前夜,我梦见一头雪白的母牛来到我们营地,绕着札木合的帐篷来回打转,忽然,猛地一撞,折断了一只角,札木合的帐篷摇晃起来，他赶忙出来，只见那头母牛用蹄子扬起尘土，冲他怒吼：'还我角来！'母牛后边跟着一头无角的白色犍牛拉着您的车帐，不时地大声叫嚷：'天神地神一齐降旨，铁木真做王！'"他咽了口唾沫，接着说，"看来，天神显灵了，这是神人指点我来跟随贤弟啊，将来，贤弟必是我们蒙古的可汗！"

铁木真心里清楚，蒙古人大多信仰萨满教，而豁儿赤是萨满教长。从教长嘴里说出来的话，是有着一定权威性的。

铁木真为了造声势，在众部下面前问道："为什么梦到的神牛是一公一母呢？"

"贤弟有所不知啊，神界和人间一样，牛也分公母啊，而且，公牛更胜母牛一筹。在我的梦里，公牛代表您，母牛代表札木合。而且，母牛和札木合决裂了，他不是任何神牛了！"

"牛为什么撞札木合？这会是什么意思？"

"神牛撞谁，谁就当不成可汗！"

"那后来呢？这头神牛又撞我了吗？"铁木真明白豁儿赤的意思，但却假装担心地问。豁儿赤使劲儿地摇了摇头："它非但没撞您，还乖乖地跟在您的车帐后面呢！"

"这到底是什么兆头呢？"

"这就是说：您将来必是蒙古王，是咱们大蒙古的可汗！"

铁木真的行为很明确：他要借豁儿赤这个萨满教长为他称王造舆论。

私下里，铁木真嘱咐豁儿赤要大肆宣扬自己的梦境，日后定有重赏。

果然，更多的百姓陆续前来归顺。铁木真的队伍更强大了。

1189年，各族首领和长老开会，这次名为"科力台"的大会，准备为蒙古族拥举一个首领，大家异口同声地推举铁木真为蒙古王。他们对铁木真发誓：

"我们愿意让您做我们的可汗。我们愿在战争中为您打前阵，勇击敌人,愿把战利品全部交于您支配。"

铁木真终于等到这一天,他接受了众人的宣誓,正式做了蒙古的可汗。

就这样,草原上新的可汗诞生了。铁木真首先建立了一个能容纳许多人的大蒙古包,即我们常说的朝廷。然后他开始设立军政机构,委任官吏,

豁儿赤

选拔了几名武艺高强而又忠诚于他的年轻人做卫士,直接保护自己。其中,豁儿赤佩带弓箭,云都赤带刀,二人不离左右。然后,他任命多年来跟随他的忠臣博尔术和者勒蔑为长官,掌管宫帐事务。此外,他还设立了许多小头目,命他们今后各司其职。

铁木真称可汗后又遇到了一件大喜事。孛儿铁又生了个儿子,名叫察合台,这个是真真正正的自己的血脉。

从铁木真称汗的那天起,离散的蒙古各部族开始走向了统一,铁木真也开始了称霸蒙古草原的日子。

名人名言·自强

1. 胜人者有力,自胜者强。

——〔春秋〕老子

2. 以修身自强,则名配尧禹。

——〔战国〕荀子

3. 下手处是自强不息,成就处是至诚无息。

——〔清〕金缨

4. 自强为天下健,志刚为大君之道。

——〔清〕康有为

5. 路漫漫其修远兮,吾将上下而求索。

——〔楚〕屈原

6. 志不强者智不达。

——〔战国〕墨子

7. 非无江海志,潇洒送日月。

——〔唐〕杜甫

8. 慷慨丈夫志,可以耀锋芒。

——〔唐〕孟郊

9. 眼前多少难甘事,自古男儿当自强。

——〔唐〕李咸用

第三章

Chengjisihan

统一草原

你的心胸有多宽广,你的战马就能驰骋多远。

——〔元〕成吉思汗

▶ 翻脸成仇

铁木真不忘夺妻之战中联合对敌的好处，自己称汗后，力避树敌太多，遂派使者前往克列亦惕部，向该部落的首领、自己的义父王罕通报称汗之事。

王罕的表现让人失望——他是一个极度短视的政治家，当他接到这个消息时，他说道："铁木真做了可汗，真好。你们蒙古若没有可汗，怎么生活呢。你们不要把原来商量了的意思破坏了。"铁木真跟札木合的关系，暂时维持着和平的状态，但是不久，便发展成公开的斗争。

札木合的兄弟给察儿因为抢去了铁木真部下（住在撒阿里地面的拙赤答儿马刺）一个马群。丢马的人便跟在抢马的人的后面，追上去把他杀死，同时赶回了被盗去的马群。札木合听到这个凶讯，便召集了他的部众前来攻击铁木真。

札木合联军中的两个兵士连夜赶到铁木真驻地报信，铁木真只好仓促迎战。铁木真把自己近三万人马的队伍编成十三翼，对付札木合率领前来的十三支军队。

第一翼包括铁木真的亲戚族人，还有一些极富战斗力的奴隶，由斡额仑夫人亲率；

第二翼是铁木真自己统率的各位部将以及他曾经挑选的忠心耿耿的护卫；

从第三翼到第十一翼是乞颜氏的族人和属民，由乞颜氏各首领率领；

十二冀、十三翼由其他伦尼尔人组成，由弟弟合撒儿率领。

铁木真的十三翼人马刚刚摆好了阵势，札木合的人马便蜂拥而来，旌旗翻卷，来势汹汹。

札木合纠集的塔塔儿部和泰赤乌部都是铁木真的死敌，他们冲杀得格外狠。而铁木真的人马虽说分为了十三翼，但总共人马才将近三万人，更何况，铁木真称汗后，刚刚设立了机构，还未来得及训练军队，因而跟札木合的队伍刚短兵相接就显出了弱势。

几个回合之后，铁木真的人马死伤惨重，遍地尸体。铁木真见此，只好收兵，他信奉那句话：留得青山在，不怕没柴烧。这是铁木真率兵征战生涯中所遭到的第一次大的挫折。

然而札木合终究不是一位有见识的军事家，他满足于眼前的胜利，见铁木真节节败退，没有追击，而是欣喜若狂，凶相毕露。他发现被自己抓来的战俘中有归附自己后又背叛自己投奔铁木真的赤那思氏人，札木合对他们恨之入骨，在高兴地欣赏着自己的战利品时，他派人把所有的战俘都残忍地杀害了。

札木合如此凶残地对待自己的族人，他的部下看在眼里，愤在心上，都非常不满。一方面，他们认为，札木合这么凶残，以后肯定成不了什么大事业；另一方面，他们也在内心里暗自思量，自己将来会不会也是这个结果？

札木合本来是想用这种极其恐怖的手段，吓唬吓唬那些想投靠铁木真的本部族人，使联盟内无人敢背叛他，却没有料到因此而大失人心。战争结束后，不少部族纷纷离开札木合的部落，投到了铁木真这边来。这些人包括兀鲁兀惕氏的术赤台以及忙忽惕氏的畏答儿，后来他们两人率领本部人马一直忠心耿耿地跟随铁木真南征北战，都成了战功赫赫的蒙古名将。此外还有速勒都思氏的赤剌温等。在这些人里面，还有一个是也速该临终前托孤的蒙力克。蒙力克有7个儿子，其中一个就是有名的萨满——巫师阔阔出。

这场血腥之战，札木合虽胜犹败，恰如札木合把胜利果实又拱手相让，送回给铁木真。

札木合的兵士看到这么多部族都纷纷归附了铁木真，军心涣散，而札木合却没有察觉到，他还在进行着自己的残酷之举。

十三翼之战后，铁木真虽然失败，但是他却获得了许多新的支持者。战败的铁木真不仅力量一点儿都没有减弱，反而更壮大了。这对铁木真来说比赢得一次战役更珍贵。

铁木真曾经历尽苦难，饱经沧桑，做了可汗后，又经常布施仁义，因而赢得了草原上多数人的心。

铁木真竭尽全力广收民心，争取属民。有一次，铁木真亲率部众去打猎，回来时遇到了泰赤乌部的昭烈人。天渐渐黑下来了，昭烈人有几百人，打猎却一无所获，食物也吃光了，在蒙古草原上，这样的情况在小小的部落中经常遇到。铁木真不计前嫌，不计较泰赤乌部对自己的迫害，主动把自己打猎剩下的食物和刚刚获得的猎物分给他们，并提出和他们一起过夜，答应第二天帮他们获取猎物。

果然，第二天围猎时，铁木真率领部下，让他们故意把猎物赶向可怜的泰赤乌人那边，结果那些人满载而归，渡过了难关。

成吉思汗仁义亲民

事后，昭烈人觉得铁木真有宽大胸怀，日后必成大业。于是，他们私下商量，脱离泰赤乌部，投奔铁木真。他们一齐跪地，对铁木真说："您在我们最困难的时候鼎力相助，能够衣人以己衣，乘人以己马，日后定是好君主。为了报答您的恩情，我们日后愿做牛做马，追随您，听您的调遣。"

▶ 一箭双雕

铁木真的实力壮大后,他统一蒙古的野心日渐滋长。他的第一个攻击目标就是宿敌塔塔儿人。

游牧于东北边界的塔塔儿人和金王(即金国的君王)曾联合起来灭了蒙古的第一个王国。金王利用塔塔儿人的力量打击了铁木真的祖先,但是,被金王利用的塔塔儿人很快就强大起来,成了金王难以掌控的对手。于是,金国又玩起了它在处理同游牧世界的关系中玩得得心应手的跷跷板游戏,转而联合铁木真和克列亦惕部打击塔塔儿人。

金王派丞相完颜襄率军攻打塔塔儿部。在完颜襄的指挥下,金军从东南向塔塔儿人发起了进攻。塔塔儿人抵挡不住,就在其首领篾古真薛兀勒图的率领下带着牲畜退向位于克鲁伦河与斡难河之间的浯漓札河(此河注入博浑脱儿赤湖)。这样,他们相当于来到了铁木真的门前。铁木真立即抓住这个良机,向已成为自己的仇敌的塔塔儿人讨还旧债。他召集他的忠实拥护者,向他们发表讲话,说先祖俺巴孩和斡勤巴儿合黑就是被塔塔儿人出卖给金国,而被残忍地钉死在木驴车上的。

当然,俺巴孩和斡勤巴儿合黑这两个人是先被塔塔儿人出卖,后被金国一手处死的。但现在既然出现了借助金国的力量向塔塔儿人复仇的机会,当然应当先向塔塔儿人开刀。退一步说,即使不追溯到那么远的仇恨,铁木真也应该为他的父亲——也速该报仇,因为,正是塔塔儿人阴险地下毒于食物中,毒死了他的父亲也速该。铁木真说:"塔塔儿人是杀害我父亲与祖父的仇人。现在趁着这个好机会,我们一起去灭了他!"

这是一场正面攻击塔塔儿人的战斗,铁木真率部沿浯漓札河而下,担任正面攻击的任务;金军则是从东南向北追击。但铁木真要完成正面攻击的任务,必须请求克列亦惕部王罕的支援。而王罕也欣然同意了铁木真的请求,因为他与塔塔儿人也有旧仇未报,他的祖父马儿忽思不亦鲁黑就是被塔塔儿人俘获并残酷地处死的。不到3天,王罕就集合部队前来同铁木真会合了。

铁木真和王罕经过商议,决定召主儿勤部首领薛扯别乞和泰出共征塔塔儿人。但是,铁木真和脱斡邻勒等了6天也不见他二人率众前来,只好率先出发。他们沿浯漓札河而下,直扑塔塔儿部而去。塔塔儿部首领篾古真薛兀勒图不敢交战,便学森林狩猎部落自卫的方法,退入森林,砍树立寨以拒之。铁木真和王罕发起进攻,像围猎野兽一样步步进逼,最后攻入寨中斩杀了篾古真薛兀勒图,夺其饰有金银珠宝的摇车等物,大获全胜。

金丞相完颜襄对盟军取得的胜利甚表满意,当即封脱斡邻勒为"王"。这个称号加上脱斡邻勒已有之称号"罕",合起来就成了"王罕"。克列亦惕部这位君主就被称为"王罕"。至于铁木真,金朝给他的封号却比脱斡邻勒得到的封号低得多。这表明,在金廷眼中,克列亦惕部仍是蒙古最强大的部落联盟。金廷的代表完颜襄热烈祝贺脱斡邻勒说:"你们击垮了塔塔儿部并杀死他们的首领篾古真薛兀勒图,有大功于金国,吾主将重重酬谢你们。"

显然,完颜襄的这一番话表明,无论是铁木真还是"王罕",都不过是服务于金王的小小的"联邦成员"与金廷以一些称号和玻璃珠子加以哄骗的蒙古人首领而已。

但铁木真和王罕至少从塔塔儿人手中缴获了不少战利品,他们满载而归,各自返回自己的营地。在缴获战利品时,铁木真在塔塔儿部营中发现了一个被抛弃的小男孩。这个小男孩的鼻子上戴有一个金鼻圈,身上穿着貂皮金缎兜肚。铁木真把小男孩带回,交给斡额仑。斡额仑收养了这个小男孩,她说:"此儿许是有根基人之后裔也,可成为吾家中人!"

于是斡额仑给这个小男孩取名失乞忽秃忽,并宣布这个失乞忽秃忽为她之第六子。铁木真也很喜欢这个收养的弟弟。在数年后发生的一件事中可以看出他是多么疼爱这个小弟弟:一天,由于天气已变得寒冷,大雪已封山,铁木真的臣民便按照牧民的生活方式迁徙他处以避寒。在迁徙途中,人们发现人马踏过留下的路迹旁有一群鹿在奔跑。年仅15岁的失乞忽秃忽对负责照顾他的库出古儿说,他想去追那群鹿。此时雪已很深,鹿群在雪地上奔跑也越来越慢了,库出古儿便答应了失乞忽秃忽的请求,于是失乞忽秃忽撒腿便去追鹿。到了晚上,人马停下来休息时,铁木真问为何不见失乞忽秃忽。库出古儿回答说,他追鹿去了。铁木真一听便勃然大怒,厉声斥责库出古儿,他说:"这个家伙将冻死在野外。"他一边怒吼着,一边抄起一根木棍要惩罚库出古儿。正在这时,小失乞忽秃忽回来了,还津津有味地说鹿群里总共有30只鹿,他已打死了27只。这种年轻有为的举动吸引了铁木真,于是他丢下库出古儿不问,急忙派人去查看。派出的人果然在雪地上找到了27只被打死的鹿。

▶ 诛杀亲王

在讨伐塔塔儿部的战争中取得了胜利以后，铁木真率部返回位于克鲁伦河上游哈澧漓秃湖之滨的老营。刚一回营，他就得到一个让他大吃一惊且非常愤怒的消息。原来，在他出征塔塔儿部期间，主儿勤部利用他远离老营之机突然向老营发起袭击，掳掠杀戮，猖獗一时。铁木真老营被主儿勤部洗劫一空，50人被剥去衣服，10人被杀。耳听如此消息，眼见如此情景，铁木真不禁怒火中烧。那天在斡难河畔举行筵宴时，主儿勤人打了他的司膳官失乞兀儿，砍伤了他的弟弟别勒古台。后铁木真邀主儿勤部共征塔塔儿人，他们又置之不理。他们的拒不参战纯属一种罪恶行为，因为主儿勤部两名首领薛扯别乞和泰出的亲祖父斡勤巴儿合黑就是死于塔塔儿人的阴谋。现在的主儿勤人不仅逃避为祖父报仇的战斗义务，而且还趁铁木真前去参加战争之机，袭击铁木真的老营，向留在老营的老人和孩子开刀！是可忍，孰不可忍！鉴于主儿勤人的不义行为已经到了无以复加的地步，铁木真立即整队出发，征讨主儿勤部。两军相遇于阔朵额阿剌勒附近之朵罗安字勒答黑（即"七道岭"）。战斗结束，主儿勤人大部被俘，但其首领薛扯别乞和泰出却携亲信家眷狼狈逃入帖列秃山口。铁木真余怒未消，又挥军追入帖列秃山口，抓住了他们。薛扯别乞和泰出被带到铁木真面前，由铁木真亲自审问。铁木真一一列举他二人昔日对他立下的誓言，二人只好承认自己没有履行誓言，理当按违背誓言论处。铁木真一声令下，刀斧手应声上前，手起刀落，二人便被斩杀。

主儿勤部的两位首领被铁木真处决了,此举使其他各部人的思想受到了很大震动。在赫赫有名的合不勒汗的后裔中,薛扯别乞和泰出属于长支望族,而铁木真只属于幼支贵族。薛扯别乞和泰出的祖父斡勤巴儿合黑作为合不勒汗的长

处决主儿勤部首领

子,当年在继承遗产时曾自由地挑选了一批最勇悍的武士和射技高超的弓箭手,集中了前王国的所有精锐。主儿勤部就是由这批优秀人物的后裔组成的。现在,铁木真斩了主儿勤部的首领,兼并了主儿勤部的属民,主儿勤部这个因祖父居长而最具优越感且不可一世的氏族只好低下头来。从前,各族首领勉强推举铁木真为汗时,仅仅是要他领导一个松散的部落联盟去进行无休止的围猎和抢掠,而现在,这位新汗却以实际行动表明,他是一个顽强不屈、不容别人摆布且要部众绝对服从的真正的主人。

在处决了主儿勤部首领以后,铁木真又开始对付另一位蒙古部落首领不里孛阔。不里孛阔也是合不勒汗的后裔,但却是属于第三支。在斡难河畔宴会那天,不里孛阔曾挥刀砍伤了铁木真之弟别勒古台的右肩,严重冒犯了铁木真宗族。当时,铁木真的人和主儿勤部的人之间因此相斗了一场。后来,铁木真表面上似乎忘记了这一侮辱,但实际上心中怨恨犹存。一日,在进行一种游戏时,铁木真命别勒古台与不里孛阔当着他的面相搏。不里孛阔不愧是"不里大力士",他有一身蛮力,可说是力能拔山。以他的勇力,他本来是可以不费吹灰之力胜别勒古台的。但当着铁木真的面角力,他有点胆怯,所以在同别勒古台相搏时总是克制自己,让别勒古台几分。他假装力不可支而倒地,似乎是被别勒古台摔

倒在地一样。别勒古台趁势抓住他的肩，骑上他的背。这正是铁木真求之不得的局势，遂暗中示意别勒古台杀死不里孛阔，别勒古台会意，立即利用他所处的有利形势，死死压住了不里孛阔，然后以膝顶着不里孛阔的后腰，以双手交扼其喉，猛一用力，不里孛阔当即腰折而死。别勒古台起身后，将尸体拖到一边扔下，扬长而去。

铁木真用铁血手段对人们明确表示，他实际上就是"君主"和"汗"的身份，不允许有阻碍他意志的人存在。

经过这次较量，主儿勤部失去了首领，彻底归附了铁木真。

与此同时，铁木真自称汗以来的所作所为激起了人们的衷心拥戴，这种衷心拥戴已到了发狂的程度。在过去追随主儿勤部的人们中，有一位札剌亦儿部勇士名叫古温兀阿。现在，他带着他的两个儿子木华黎和不合来投奔铁木真。他对铁木真说："让这两个小子给您做保卫国家的奴才，如果他们逃离了他们的职责，可以砍断他们的脚，割下他们的肝。"同时，古温兀阿的两个弟弟赤剌温孩亦赤和者卜客也投于铁木真麾下。古温兀阿这一家可说是英雄之家，现在这一家心甘情愿前来为铁木真效劳。特别是木合黎，他后来为铁木真征服了中原北部。者卜客从主儿勤营中带来了一个被抛弃的小男孩，名叫孛罗忽勒。他把这个小男孩作为礼物献给斡额仑，斡额仑收养了孛罗忽勒。这样，高尚的斡额仑就在战争期间因偶然的机会共得到了四个养子，他们是：曲出（得自篾儿乞惕部）、阔阔出（得自泰亦赤兀惕属下之别速惕部）、失乞忽秃忽（得自塔塔儿部）、孛罗忽勒（得自主儿勤部）。仁慈的斡额仑辛勤地抚育他们长大成人，"白日以目视之，昏夜以耳听之"，无微不至地关怀和疼爱着他们。

▶ 复仇之战

铁木真的队伍逐渐壮大起来。接下来，铁木真要对付的就是曾经杀害他父亲的塔塔儿部。这几年，为了对付塔塔儿部，铁木真曾多次出兵，由于力量不够强大，结果都未能如愿以偿。

阔亦田之战后，铁木真休整了一阵子。第二年春天，他便发动了讨伐塔塔儿部的战争，准备将塔塔儿人彻底消灭，以绝后患。当铁木真初战塔塔儿部之时，塔塔儿人虽然被打败了，可是，后来他们又收集残兵，扩建军队，悄悄地崛起了。

1202年，战争又开始了。塔塔儿部和铁木真的军队在答阑捏木儿格思摆下了战场。

战前，为了保证战争的胜利，铁木真特别召开了一次战前会议，和众大臣商量作战计划，进行了周密的准备。此外，还作出了严格的规定：

第一条，作战中要听命令行动，不许私自抢掠民间的财物；第二条，战争结束后所缴获的人、畜、财等战利品要归众人公平分配；第三条，作战时进退都要听从命令，不服者，斩。铁木真的命令是要求战利品由可汗统一分配，一切行动听指挥，服从军令。

安排妥当之后，铁木真下令第二天向塔塔儿部进攻。

本来应该不出一天，塔塔儿部不是投降就是被消灭，不料却发生了许多意想不到的事情。

塔塔儿部有一个人叫也客扯连，他在铁木真准备进攻的前一天夜里带来消息说：铁木真要在第二天发动对塔塔儿部的复仇之战。塔塔儿人想早晚总不免一死，不如奋勇去厮杀一场，倒死个痛快。所以他们准备半夜出动，去偷袭铁木真的大营。

当天晚上，铁木真果然遭到了塔塔儿人袭击，他们虽然算不上仓促应战，但也被塔塔儿人杀了个措手不及。

一场恶战开始了，塔塔儿人奋勇作战，和蒙古军以死相拼。

黄昏时分，塔塔儿部到底还是没能挽回已去的大势，一时间，横尸遍野，血流成河，塔塔儿人一败涂地。塔塔儿部的首领看到抵挡不住蒙军的进攻，眼看自己的军队马上就不行了，便偷偷扔下自己的部属们，杀出包围，向兀鲁失连真河溃逃了。铁木真一发觉塔塔儿部首领逃走了，赶紧上马追赶，同时命令其他军队各自结队，追赶逃兵。

塔塔儿人面对死亡的威胁，进行了殊死反抗。铁木真看到塔塔儿的大势已去，一时放松了警惕，不料却突然被塔塔儿士兵包围。他左冲右突，枪挑剑砍，还是没能甩掉那些亡命之徒。后来，博尔术、木华黎赶到，同塔塔儿人拼死冲杀，才保护铁木真冲出重围。

塔塔儿人逃跑了，这场大战就这样结束了。

第二天，铁木真便开始调查参加战前会议的那些人，他想知道是谁走漏了风声，泄露了作战计划，让他们遭到袭击。

一调查才发现，原来在作战前一天的会议上，部众商定：第二天一早召集军队，天亮以前动手。对塔塔儿人一律要斩尽杀绝，男的都逃不了挨刀，女的都要抢来做奴隶。可是别勒古台开完会出来，偏偏碰到了塔塔儿人也客扯连，他们本来是认识的。之前别勒古台陪着自己的弟弟合撒儿到塔塔儿部娶妻时，是也客扯连给他们带的路。

"你来干什么？"别勒古台气愤地问。

"我是想请你向可汗求个情，放我们塔塔儿人回去，让我们安居乐业。"

"少啰唆，老实告诉你，我们的会议已经决定了，天亮前就要动手了，你们塔塔儿人谁也逃不掉！"别勒古台就这样把机密泄露了出去，自己还不知不觉。

铁木真把别勒古台传来，他生气地骂道："你随便泄漏我们的机密，害得我们损失了那么多人马，我也被你害得差点儿丢了性命，你真是罪大恶极！念在你对我有恩，我不惩罚你，现在你去把也客扯连那家伙找来，算是将功赎罪！"

接着，马上有人报告昨天打仗时，答里台和阿勒坛两个人不听命令，抢劫财物，据为己有。铁木真早就察觉到了答里台等人倚老卖老，依仗着自己是长辈，认为即便违反命令，铁木真也不会拿他们怎么样。

于是，在前一天的战争中，他们一起动手抢掠塔塔儿的贵族，还说："铁木真不让我们去抢掠打败了的敌人的财物！哼！我们依照祖宗的规矩，去掳掠敌人，没有什么罪，他不会拿我们怎么样！"忽察儿和答里台、阿勒坛三个人一起暗自这样商量。

铁木真的神箭手哲别看到后，上前阻拦："你们不能这样做，这样就违反了可汗的命令。"

"哪一个蒙古可汗下过这种命令！杀人抢劫，这都是祖宗教给我们的。"答里台大喊起来。

"祖宗是祖宗，命令是命令，违反命令的人一律有罪！"哲别毫不客气地争辩。

了解到这一情况后，铁木真对他们毫不客气，立即派自己的猛将哲别和忽必烈带兵把这三个人的篷帐包围起来，没收了他们抢掠的牲畜、财物，准备进行统一分配。

阿勒坛等三人不满意铁木真这样做，一气之下离开了铁木真，去投靠札木合。

塔塔儿部首领逃跑了，这次战役以铁木真的全胜告终。为了彻底结束塔塔儿人的反叛，铁木真将剩下的残兵败将都斩首了。

从此，曾经强盛的塔塔儿部便退出了历史舞台。忍辱多年、多灾多难的铁木真终于报了父祖之仇，几代人的冤仇也算是得到了清算。

▶ 宽宥叛徒

消灭塔塔儿部之后，铁木真班师回营，却发现他的三个长辈答里台、阿勒坛、忽察儿都不见了。原来，他们在半路都溜走了。铁木真派人出去一调查，才明白这三个人由于被剥夺掠来的财产，都投奔到札木合那里去了。而札木合在阔亦田一战后，已经众叛亲离，"古儿汗"的名号早已名存实亡。于是，他投降了王罕，而他自己根本没有什么实力。

札木合一直想着东山再起。但是，铁木真对他这个亡国之徒却没有放在心上。这无疑有利于札木合队伍的成长。

这时，合撒儿的家眷中了札木合的诡计，被骗到了克列亦惕部王罕的帐下。铁木真大怒，正要采取措施，却被木华黎拦住。木华黎把想出来的一个妙计告诉了铁木真。

铁木真听完后，得意地笑了起来，立刻拍手赞成，马上派了很会说话的阿儿该、速客该到克列亦惕部去见王罕。铁木真的使臣见到了王罕，将铁木真的话传达给了他："义父，您何必那样生气？您是我的义父，却又为什么听信谗言，要灭亡您的义子呢？义父啊，我们饮酒共结父子之盟时，您不是当面说过，我们要永不分裂吗？如今，又为什么要和我分裂？请义父告诉我，我到底哪里做错了，我立刻来向您磕头谢罪！"王罕听后，心里非常惭愧。他吩咐下人拿来一把小刀和一个小皮桶，刺破手指头，将流出来的几滴鲜血滴在小皮筒里，然后交给阿儿该说："你拿这个去见铁木真，假如我以后再对他心存疑虑，就像这个筒里的鲜血，流干为止！"

木华黎

接着，阿儿该、速客该又问："请问，我们蒙古的三个大将答里台、忽察儿、阿勒坛现在可在这里？我们也带来了给他们的信，我们的可汗交代我们一定要见到他们。"

王罕一听，心里不悦，可是纸包不住火，又不能不许他们见面。无可奈何之下，只好叫侍卫带他们到答里台等人的营帐里去。

阿儿该等人在王罕给答里台、忽察儿、阿勒坛临时分配的营帐中，和三位长辈谈了一阵，又回到王罕的大帐里辞别而归。

阿儿该等使臣归来后，把装着王罕鲜血的皮筒交给铁木真，并向他报告了此行的经过。从铁木真的帐下退出后，他们两个又去向木华黎报告。木华黎听了他们的报告后，满意地笑了。

一天，铁木真正在营地训练兵马，斡额仑夫人派人来请铁木真，要他马上回去。铁木真一听是母亲要见他，马上赶了回去。

"母亲，您有什么事？"

"是一件大好事！"斡额仑夫人眉开眼笑地说，"你的叔叔答里台回来了！他是来看我的，不过他怕你不原谅他，现在已经回去了。"

原来王罕在阿儿该走了以后，想到铁木真越来越强大，总和他作对不会有好结果，还是好好相处比较好。答里台等三个老人是从铁木真那边逃出来的，总把他们留在自己的身边，早晚会招来祸害，更何况，他们三个老东西也没有什么用。于是便下令招忽察儿、答里台、阿勒坛来，劝他们回铁木真那里去。答里台等人一听，知道王罕已经开始讨厌他们，总在这里不是长远之计，于是就回来了，恰巧遇到了斡额仑夫人。

"他们不怕我杀他们？母亲，您知道，叛变可不是件小事呀！"铁木真回答着自己的母亲。

这时，木华黎走进帐中，说："但是，您让他们三个留在王罕那里，对您更不利啊！"接着木华黎告诉他，阿儿该等人去见王罕的时候，他让阿儿该等人也去看过答里台等三个老前辈，告诉他们尽管放心回来，铁木真会成全他们。

既然是木华黎的意思，铁木真也不好说什么，毕竟他是跟随自己多年又忠心耿耿的老臣。

令铁木真想不到的是，斡额仑夫人随后就派人把答里台等人叫来了。原来，答里台等人并没有回克列亦惕部去，而是听从木华黎的安排，躲在了孛儿铁的篷帐里，等铁木真的态度。

答里台说他们是中了札木合的奸计，而且还说，合撒儿的家眷也是札木合给骗过去的。

铁木真说："札木合的这条毒计，就是希望引发咱们和克列亦惕部之间的战争，等打得两败俱伤之后，他好渔翁得利。可是王罕他们父子也真蠢，竟会上他的钩，而你们则当了鱼饵。"铁木真说着，冷笑了一声。

铁木真责备过答里台等三人后，就没有再追究。

▶ 巴泐渚纳誓约

铁木真虽然这时已经取得了不少辉煌的战绩，但是他还没有考虑到挑战王罕。因为在蒙古族人的眼里看来，他不过是贵族中的一个幸运而干练的领导人物而已。他们认为铁木真获得成功的原因，只是把他们联合成一个组织良好的整体而已，况且他毕竟是骤然暴兴的呀！相反，对于王罕，虽然他的组织散漫，然而他终究是一个大国的统治者，何况又是古代王朝的直系后裔呢。他的营帐也显示着一种相当程度的豪华，况且他又得到富裕北国的君主——金帝钦赐他的一个"王"的封号。这一连串的事实，都深深地印入草原民众单纯的脑海里，所以他们都把王罕的地位放在其他蒙古游牧首领之上。铁木真一直想着利用机会，改善他和王罕的关系。他曾经企图和强大的统治者联结秦晋之好，一来可以巩固自己的地位，二来可以达到锦上添花的目的。因为做了"汗"的女婿，这在草原里常常是一种荣誉。于是铁木真便为他的长子术赤去向王罕的女儿察兀别乞求婚，同时想把他的女儿豁真嫁给王罕的孙儿秃撒合，这个孙儿的父亲就是桑昆。

由于桑昆的反对，王罕傲慢地拒绝了这桩婚事。尽管铁木真将自己的部众视为"毡墙之民"，并且拒绝承认诸部落间的差别，但在贵族克列亦惕王室家族眼中，无论铁木真对他们如何有用，他也只是个普通的暴发户而已。按照蒙古人后来对王罕语气的描述，他是这样来回答铁木真的："铁木真向我女儿求婚不会觉得羞耻吗？难道他不知道自己是我的部属和奴隶吗？回去告诉他，我宁愿把我的女儿推入火坑，也不会给他儿子做妻子。"据《秘史》记载，这件事简直使铁木真的"心伤透了"。可见王罕拒绝他这件事，实在使他大大地失望。因为和这样强大尊贵的汗成为亲戚的希望，实际上已经强烈地勾出了他的贵族幻想。不久，他又遭遇到更进一层的失望和新的考验。

阿勒坛和他的其他亲族，公然从铁木真那里叛离出来，开始去和札木合联合。他们还移动他们的营帐去靠近桑昆那里，因为王罕的儿子桑昆在那时候已经对铁木真抱着特别的敌对态度了。他们认为假使铁木真做了汗，他们必将完全服从他的意志，可是他的意志和这些独立贵族的愿望是完全相反的。

可是，这位上了年纪的可汗很快便对自己的贸然相拒感到懊悔，而且渐渐担忧铁木真将会作出怎样的反应。毫无疑问，铁木真现在已被视为草原上最优秀的军事统帅，而且王罕也明白自己在战争中并不能对铁木真构成威胁。于是，他想通过欺骗的方式，设计除去铁木真，就如塔塔儿人曾经害死铁木真父亲那样。王罕派人送信给铁木真，告诉他说自己已经改变了主意，并且乐意接受两个家族间的联姻。他定好日子，邀请铁木真及其家人来为儿女们举行婚礼。显然，铁木真是信任他这位义父的，他留下军队，带上少数随从，前往指定的聚会地点参加许婚筵席。要能顺利结成这桩婚事，把已处于自己控制之下的全体民众和王罕控制下的克列亦惕人合并起来，铁木真就可达到人生的顶峰，而且这桩婚姻还将使他在中部草原统治者的争夺中，处于最强有力的位置上。

在距离王罕帐庭仅一天骑马行程的地方，铁木真获悉许婚筵席只是个陷害他的阴谋而已。王罕其实已经秘密地调集好军队，企图加害铁木真并且扫灭他的家族。当他们的计谋失败后，他们又企图用突袭的方法去擒获铁木真。但是这个计划也没有实现。因为铁木真在事前已经得到从敌营归来的两个牧人的通知，所以第二天当王罕出现在他的阵前时，铁木真的将士已经做好了作战的准备了。克列亦惕王便问札木合道:"能够与铁木真厮杀的有谁?"札木合说:"兀鲁兀惕、忙忽惕两部的人能够厮杀,从小就在刀枪里惯了的。他们的旄纛或花或黑,看见他们时可提防着点儿。"在后来的战斗中,铁木真击退了王罕和其同盟军的一切攻势,桑昆被箭射伤。但是铁木真决心撤退,在那天夜里从战场后退了若干距离。

第二天黎明,当铁木真检点其将士时,发现他们里面缺少三个人。这就是他自己的儿子窝阔台、博尔忽和博尔术。铁木真说:"窝阔台与可倚仗的博尔忽、博尔术在一起,死活必不肯相离。"但是博尔术却突然骑马回来了,铁木真便椎胸告天说:"罢!"这事引自《秘史》里的记录:"再少顷又有一人到来,近看时人下又有二脚垂着。及到来时,窝阔台、博尔忽二人叠骑着一个马。博尔忽口上带着血,因为窝阔台的头颈上中了箭,博尔忽将凝住的血咂去。铁木真见了,眼泪流着,心里难过极了。"但是铁木真麾下的兵力,实际上已经没有足够力量去继续作战,所以除继续撤退外,没有其他的方法可想。其退却的途径乃是沿着合勒合河进行的。等到撤退到相当距离,并稍稍恢复军势后,铁木真便差遣使者到王罕、桑昆、札木合、阿勒坛和其他同盟军那里去传达他的议和劝告和服顺誓约。在那时候,铁木真和他的所有部众都是目不识丁的文盲,议和内容是派记忆力很强的部下用口头去传递的。想要议和内容变得容易记忆,且能逐语逐句反复背诵,通常都是用韵文编成,同时再用比喻和格言点缀着。铁木真在致王罕的议和内容里,包含着如下的章句:"父亲!您对我有甚事嗔怪,教我怕了呢?若要嗔怪我呵,何不安然怪责,如何这般怪责,将我的家业都破坏了?我虽少呵,也似多的般来。虽歹呵,也似好的般来。且我与您犹如车的两辕,辕折了呵,牛拽不得。犹如车的两轮,一轮坏了呵,车行不得。我岂不比一条辕和一个轮么?"在致阿勒坛和忽察儿的议和内容里,包含着提醒他们在选举铁木真时所立下的誓言："我掳的骟马、车子、妇人、美女，都拿来与你们。围猎野兽呵，我首先出去，围着野兽来与你们。"

但是他的敌人对于这种讲和的语词，并没加以注意。桑昆说道："这言语的计划我晓得了，是战争开始的言语。你必勒格别乞、脱朵延两个，将旄纛立起，骟马放得肥些，没有疑惑了。"铁木真没有办法，只得向着多沼泽的巴泐渚纳湖畔移动，因为在这里他可以把自己一下子隐藏，并且遭遇到突袭时，也可以获得充分的安全。他的地位仍旧是不稳固的，所以越发使他感觉到设营在沼泽地和泥泞地的必要了。

铁木真此次面临的危机将是对他才能的最大考验。这次在王罕勇士们面前的逃跑，很像他在 20 年前，篾儿乞惕人劫掠孛儿铁时的逃亡。循环的草原袭击看来永无止境。尽管他一生所做甚多，但他能真正改变的却很少，他要再次从那些社会地位远比他高而政治势力又远比他强大的人那里，逃亡奔命。

由于根基未稳的首领正在逃亡，铁木真新近合并的部落"毡墙之民"初次面对着巨大的威胁。这一合并能继续下去吗？如此众多来自不同部落和家族的民众，现今还会效忠并且信任不知逃往何方的铁木真吗？他们会逃回自己的故乡，或者草率地准备寻求王罕或札木合的保护吗？作为铁木真人生中最大的考验，同时也作为他最大的胜利，接下来的逃亡事件，在蒙古人中间成为传奇性的故事。

经过数日疲惫而又缺乏给养的不断逃亡之后，铁木真来到了遥远泥泞的巴泐渚纳湖岸。他察看身边幸存下来的逃亡者人数，清点下来只剩 19 人，而今在这个遥远的逃亡之地，他们首先将要面对的是饥饿。正当他们在巴泐渚纳湖岸旁停歇下来稍事休整，并讨论决定下一步行动的时候，突然从北方出现一匹野马，铁木真的弟弟哈撒儿赶上前去追捕它。哈撒儿把马击倒，大家很快便剥了它的皮。没有柴火烤肉，也没有锅来煮，他们只有依靠古老的烹饪技巧。剥了马皮之后,他们切碎马肉,并用马皮制成装肉和装水用的大皮囊。他们收集牲畜粪便生火,然而又不能将大皮囊直接放到火上。取而代之的是,他们把石头丢到火中加热,等到石头炽热的时候,随即便把滚烫的石头丢到肉和水的混合物中去。石头可以把水加热,而水却可以防止石头烧穿皮囊。数小时后,饥饿难耐的人便可大享煮熟的马肉了。

除哈撒儿外,和铁木真聚集在一块的人都是他的朋友,而非亲戚。有些家族成员暂时在草原上失去了联系,而其他亲戚则抛弃铁木真,加入到王罕或札木合的部族中去了。尤其是他的叔父,曾帮助也速该从篾儿乞惕人手中抢夺铁木真的母亲的两个兄弟之一,已经加入到王罕的麾下,来反对自己的侄子。

精疲力竭的人们开始安慰自己,他们将野马现身当成是神的恩赐,而不仅仅只是视为果腹的食物。作为蒙古人社会中最重要和最受尊敬的动物——马,它可以用于隆重的庆祝场合,也可作为神的介入和支持的象征。马象征铁木真的命运之神,作为任何主要战争之前或忽里台会议上的祭品,它不仅是作为食物提供给人们,而且更进一步说,是在赋予铁木真的精神之旗以权威。在马肉会餐的最后,只有巴泐渚纳湖的浑水可饮,铁木真可汗一只手高高举起,另一只手则用敬酒的方式,举着装有巴泐渚纳湖的浑水的杯子,对部下的忠诚表示感谢,并且发誓永不忘却。其他人也同饮浑水,并且发誓永远忠诚于他。在复述这段情节的口传历史中,它成为历史上著名的"巴泐渚纳誓约"。作为铁木真军事生涯的最低潮,而且,作为产生蒙古帝国特性和形态的关键性事件,它还获得了一种神秘的光环。

这一事件对蒙古人来说是具有象征意义的。蒙古人是建立在互相承诺和互相忠诚基础之上的,而这种承诺和忠诚是超越血缘关系、种族区分及宗教信仰的。这19人和铁木真来自9个不同的部落,大概只有铁木真和他的弟弟哈撒儿是来自蒙古部族。其他人则包括有篾儿乞惕人、契丹人及克列亦惕人。他们团结在一起只是因为他们发誓忠诚于铁木真,并且也宣誓忠诚于彼此。巴泐渚纳的宣誓建立了一种手足情谊,它接近于一种建立在个人选择和互相承诺基础之上的、现代公民的权利和义务。这一关系在铁木真部众中成为一种新型共同体的象征,这最终将作为蒙古帝国内部统一的基础。

在巴泐渚纳躲藏之后,铁木真制订了反击计划。当王罕仍然沉浸在自信中(他自信地以为已永久地除去了铁木真的威胁)的时候,铁木真知道自己必须迅速行动。铁木真向草原上被驱散的部众们发出反攻计划的消息,并且还公布了包含有神奇野马现身传闻的所有细节。在接下来的日子里,连铁木真自己大概都未曾预料到,他那不久前以十或百为单元而组织起来的军队,又在整个草原上重新集聚起来了。当铁木真从巴泐渚纳向西进军,朝王罕的领地返回时,他的部众也从四面八方重新聚集到他的麾下。此外,通过他母亲或他的妻子孛儿铁,有些曾是王罕忠诚追随者的铁木真的亲戚,现在也抛弃他们的克列亦惕领导人,前来投奔铁木真。

于是铁木真部众的人数,一直在继续地增加。人们都认为跟着他绝对不会没有好处,所以都聚集在他的周围。在这些人里面,有些是信仰伊斯兰教的商人。整个中亚的贸易,当时全都操控在他们的手里,并且深入到更远的内地去。铁木真自从与这批人接触后,不仅扩大了眼界,而且也对整个世界,对其他国家和其他民族有很多了解。这些商人们多半是被铁木真的宽大个性所吸引来的。这些人曾有这样的言辞:"君主铁木真脱下他自己所着的衣服给人穿,跳下他自己所乘的马给人骑。"

铁木真的弟弟合撒儿,虽然他的妻子儿女等都留在王罕那里,可是他却独自一个人回来了。铁木真认为事情已经发展到没有任何可以后悔的境地了,他现在唯有策划一种谋叛的计划,去反对昨日他还在称作父亲的人。可是他自身也有所顾虑,他知道万一王罕得到胜利，那么即使是一点儿的慈悲也是不能期望的了。他所感觉的唯一责任，就是坚决地朝着他的目标前进。这就是说，由他自己为领袖，君临全草原贵族之上，以复兴蒙古氏族的伟大。

于是，他派了合里和察兀去王罕那里假降。

"那你们可知道合撒儿在哪里？"王罕接着问两个使臣。

"他在阿勒垓，我们跟着他已经流浪两个多月了。前几天，我们遇到了一群牧人，一打听才知道他的家眷在您这里。铁木真和您是父子关系，我们的合撒儿不明白铁木真为什么一直不派人来接她们。"合里愁眉苦脸地回答。

王罕看到铁木真的兄弟情谊决裂了，痛快极了："你现在就把他的家眷带回去吧！"

"可是，合撒儿现在连自己都养不活，如何养得了他们！他要我们向可汗求情，准许合撒儿到您这里来。"

"他和铁木真是亲兄弟！"王罕想了一想说，"我如何能留他？""而且如果真是这样，那他自己为什么不来？"王罕虽然有些怀疑铁木真他们兄弟的情谊，但还是半信半疑。

"他啊，早就想来了，是我们阻拦不让他来，我们是怕您笑他背叛自己的哥哥啊。"合里回答。

"哎呀！我怎么会笑他，这样吧，明天你们回到阿勒垓，叫他过来吧。"王罕这下相信了，心想这样一来就等于割掉了铁木真的一只手臂。想到这，他便得意地笑了起来。

"不过，合撒儿还是希望可汗派个亲信的人去和他结盟，这样他才敢来。"合里真诚地说。

"那我派秃儿坚跟你们去，代表我结盟，之后你们一起回来。"王罕高兴极了。

第二天，克列亦惕部的秃儿坚就跟合里他们出发了。

他们走了不到两天就到了阿勒垓。这里是克列和蒙古的交界处。

"合撒儿呢,怎么连个影子都没有?"秃儿坚抬头向四面张望。

"我们说好了要在那个土坡前会面的。"合里指了指前面的一个土坡说,"或许他刚巧走开了。"于是他们三个慢慢向前走去。

当合里看到远处有忽隐忽现的角旗在飘来飘去,他知道铁木真的军队已经开到,于是皱了皱眉,跳下了马说:"我这匹马的马蹄里进沙子了,你们赶快下来帮我弄出来吧!"

于是,他们跳下马来。不料秃儿坚刚一下马,马就慌了,立刻往远处跑去,他刚要追,发现了远处而来的角旗。

秃儿坚拔出刀来,向察兀砍去。这时,合里和察兀早有防备,二人拔刀迎战。

接应的人马很快赶到了。秃儿坚一看自己中计了,几十个骑兵围了上来,逃跑是不可能的了,只好乖乖地跟他们回到铁木真的驻扎地合兰真沙坨。

铁木真见了秃儿坚,不仅以诚相待,还向他讲了王罕和自己之间的故事,并向他说明,王罕日后必死无葬身之地。但秃儿坚无论如何只要一死。铁木真没有办法,只得好好待他。

王罕父子这时还在黑林苦等着合撒儿前来投降。

过了一段时间,秃儿坚终于想通了,他觉得铁木真的确是个知己知彼、体察民情的好首领,是值得他为其拼命的大英雄,于是死心塌地地投顺了铁木真。他找到铁木真,向他说:"可汗,我想通了,您要我做什么,我都会尽力去做!"

"我不要你做什么,只想等我赶走了王罕父子,请你去管理克列亦惕部的百姓,如何?"

"不好不好啊,可汗,虽说那王罕父子失了人心,可是王罕的弟弟札合敢不是个好人呢,他才应该去管理克列亦惕部的百姓。"

"也好,那现在为了克列亦惕部的百姓少遭受些战祸,能否为我们带路?"

"当然可以,为了克列亦惕部的父老乡亲,我什么事情都肯做。"秃儿坚很痛快地答应了。实际上,铁木真的意思是让秃儿坚带他们从小路偷袭王罕,尽量避免与克列亦惕部守军的战争,保证出兵的胜利。

秃儿坚一答应,铁木真马上下令进军。就这样,在秃儿坚的带领下,不出半天,大军就不声不响地赶到了温多尔山下。而在边境上驻守的王罕的人马一点儿都没有察觉到。

当天黄昏,王罕还在金帐里饮酒作乐。

"王罕每天都在这里饮酒作乐,此时他的夜宴刚刚开始。"秃儿坚指了指山上,对铁木真说。

"我们趁他没有准备,挥兵上山去。"木华黎接过来说。

"好!"铁木真欣然同意,"可是,如果王罕知道我们的兵到了,一定会连夜逃下山,不如我们先派兵断了他的后路。"

"照我看,还是汗爷您亲自去断他们后路,"木华黎对铁木真说,"上山的战事由我来负责。"

于是,木华黎带兵冲上山去,大队人马也跟着杀了上来。

铁木真则率领一队人马,绕到山后,阻断了王罕的退路。

王罕正在金帐里尽情欢乐畅饮,突然,山前一阵哨响,千军万马杀上山来,金帐里欢聚的人们一哄而散!

大将黑吉元帅见势不妙,急忙召集人马,准备迎战。可是,王罕的人马没有夜战的训练,当哨声响起,士兵们睡意正浓,迷迷糊糊爬起来,找到兵器的找不到马,找到马的却找不到兵器。最后,黑吉元帅只好带着几百人马,拼命抵抗。

黑吉元帅杀了一阵,突然四周火光闪闪,他定睛一看,金帐周围的篷帐,变成了一片火海。

铁木真手下的兵士一路杀来,横冲直撞,截住了王罕的人马,却迟迟不见王罕父子。于是,铁木真命自己的大将畏答儿和术赤台去追王罕父子,自己一路杀来,烧了王罕的金帐,然后向木华黎军队靠拢。

黑吉元帅一看两队人马合伙夹击,感到自己不是他们的对手,急忙率军退出大帐。他命令自己的军队到一座小山边埋伏,等蒙古军一来杀他们个措手不及,给他们点苦头吃。

黑吉元帅做梦也没有想到,他的人马刚在小山后站住脚,铁木真的四杰率领大军就赶到了,他们大叫大嚷地涌了过来,气势汹汹。他刚要率军抵抗,只听背后突然响起一阵喊杀声,铁木真的人马也从后面包围了过来。

黑吉元帅知道自己无论如何也抵挡不了这浩浩荡荡的蒙古大军,但他还是重新部署了一下阵地,准备死守。

黑吉元帅的这支敢死队是真的拼了命了,两军从黑夜战斗到天明,接着又杀到了黑夜,几乎所有的营地都被烧成了灰烬,王罕手下的几员大将都一个个地阵亡了,只剩黑吉元帅带着的那支护卫军坚守战场,死战不退。这时,神箭手哲别站在高冈上,看清楚黑吉元帅的位置后,立即拈弓搭箭,一箭射去,黑吉元帅应声倒地。

畏答儿和术赤台两员大将一路追来。原来王罕是去准备人马了,他备好人马仓皇赶了回来,正好碰上前来追赶的蒙古军。

王罕兵多马壮,而术赤台的军队只是蒙古军的一小支,哪里敌得过他们的进攻,最后终于寡不敌众,退下阵来。这时,桑昆得意扬扬,自以为胜利唾手可得,于是大喊:"活捉铁木真有重赏!"

重赏之下必有勇夫,骑兵士气大涨。桑昆的举动激怒了铁木真的先锋术赤台,他张弓搭箭,向桑昆射去,那支箭正好射中桑昆,不可一世的桑昆从马上摔了下去。王罕一见儿子中了箭,心里既烦躁又气愤。桑昆的死活还不知道呢,王罕哪有心思再打下去!他只好连忙命令收兵,仓皇而逃。

这一战,克列部众虽然作了顽强抵抗,但由于失去主动权,无法抵挡蒙古部的进攻,终于溃败了。

就这样,铁木真的最后一个强敌克列亦惕部至此彻底瓦解。

▶ 横扫草原

王罕父子败逃后,克列部彻底瓦解,铁木真又除去了统一大草原的一个强大对手,成为蒙古最强有力的统治者。但是,他还有一个不可忽视的敌对势力——乃蛮部。乃蛮部坐落在蒙古西南部,在克列亦惕部的西侧。这里的首领是太阳罕和他的儿子古出鲁克。王罕就是他们的手下误杀的。

当时,王罕父子俩带着几个护卫军从山边的小路逃出黑林,快马加鞭跑了几十里,来到了克列部与乃蛮部交界的涅坤乌柳河畔。他们回头一听,远处已经没有追兵的声音了,这时,他们才敢停下来,一起坐在草原上缓缓气。

王罕想起刚才惊心的一幕,不禁伤心起来:"本来人家对我们好好的,可咱们偏要三番五次地去捉弄人家,结果弄得国破家亡,惨啊!"

"是您自己闯下了这样大的灾祸,反而埋怨起我来了?"桑昆听了,顿时不高兴了,"您要是喜欢铁木真的话,就到他家里养老去吧!"桑昆说着,气愤地离开了。

随行的几个护卫军看到王罕父子决裂了,觉得复兴克列亦惕部没有希望了,于是,也各择出路了。

儿子走了,仅剩的几个护卫军散了,家破了,国亡了,最后只剩下王罕一个人,他伤心地往前走去。刚走不远,他觉得嘴巴干渴,见到前面有一条小河,赶紧走到河边,低下头去捧水来喝。

恰在这时,乃蛮的边境部将火力速八赤走了过来。

"喂，老家伙，哪里来的，干什么的?"巡逻的乃蛮兵喝问王罕。

"我是蒙古克列亦惕部黑林地区的可汗。"王罕见到了士兵，异常高兴。

火力速八赤见王罕面黄肌瘦，衣衫褴褛，呵呵冷笑起来："乞丐也来充可汗，回家哄娃娃去吧。"随后，他身边的骑兵也冷笑起来。

"我看啊，他一定是个老间谍!"跟随在火力速八赤身边的一个巡逻哨兵说。

"算了，先砍了他的脑袋再说吧，反正也不是我们部落的人。"火力速八赤不耐烦地挥了挥手。

王罕听后，急得大声喊叫："你们千万不要杀我啊，我可真是克列亦惕部的可……"

那个"汗"字还没有喊出来，他的脑袋已经掉了，王罕的性命就这样结束了!

火力速八赤带上王罕的人头，带着他的随从去见乃蛮部的太阳罕领赏去了。

这天，太阳罕正在对铁木真的兴旺发达深感不安，焦虑烦躁之时，边境守将火力速八赤带着"奸细"的头来报告，太阳罕一听，喜出望外，打算好好奖励一下那几个骑兵。当火力速八赤将王罕的脑袋献上来时，太阳罕大吃一惊，他稍微压了压惊："这是蒙古克列亦惕部可汗的脑袋啊!"火力速八赤一看自己闯下了祸，连忙认错："汗王，小的实在不知啊，他那个狼狈样，怎么看也不像个可汗的样子，又怕他是来试探我们军情的，所以……"

"算了!"太阳罕挥了挥手，"下去吧，反正脑袋掉了也长不上了。"

火力速八赤赶忙溜掉了。

太阳罕心里正想着怎么向克列亦惕部交代，突然，一个边境

哨兵又来报告说：王罕手下的人马已被铁木真彻底消灭了。

太阳罕忽然对王罕有一种同情感，吩咐下人道："我们应该来祭奠他一下。"他把王罕的脑袋摆在桌子上，命令仆人拿来一只酒杯，亲自倒了一杯马奶酒，送到王罕的脑袋前面说道："老兄，对不起，是我的人错杀了您。为了赎罪，我向你敬上一杯酒，希望您九泉之下不要怪罪我。"

接着又说："老王罕，多喝一杯，不要客气！"说到这里的时候，太阳罕突然看见王罕的嘴张了一下。啪的一声，太阳罕吓得将手中的酒杯掉在了地上。

这时，太阳罕的夫人闻声赶来："发生了什么事？"

太阳罕指着王罕的脑袋，给夫人讲了事情的经过。

"王罕啊，不是他想要喝酒，他是想告诉你：'铁木真把我们克列亦惕部灭了，下一个该轮到你了！'"

太阳罕觉得夫人的话有道理，事实上也是这么回事。泰赤乌部、塔塔儿部被铁木真灭掉时，王罕收降了札木合，而铁木真又先后收降了翁吉剌部的一些氏族。最后，蒙古草原上只剩下了蒙古、克列、乃蛮三大部落鼎足而立。现在，铁木真又除掉了王罕，如今草原上除了铁木真的部落就数乃蛮部最大了。更何况，铁木真一直视乃蛮部为仇敌。

"怎么办，怎么办？"太阳罕想到这里慌了神。

"反正不能等着铁木真收拾咱们，你征战这么多年，难道不懂'先下手为强'的道理吗？"

事实上，太阳罕见到王罕的脑袋之时便担忧起来：这回铁木真灭了王罕，下一个就轮到自己了。听了夫人的话，他更是感觉到铁木真的威胁已经不远了。与其坐以待毙，不如主动出击！太阳罕下定了决心。

当铁木真还受着王罕的保护时，他已经跟横在克列亦惕部西面那个最强大的乃蛮部接触了。乃蛮部因为受着畏兀儿文明的影响,在全蒙古民族里面算得上是一个最开化的部族了。他们可能是第一次把畏兀儿文字应用到蒙古语里面去,并且把它用来记写蒙古语的。除畏兀儿人外,乃蛮部还跟突厥斯坦和七河地方的人民发生着关系。他们因为经常有伊斯兰教徒商人们的光临,社会的上层阶级都受着他们文化的影响,并且通过这个阶级影响到全民族。同时在乃蛮部里面,基督教徒的人数也相当多。

对于铁木真的兴起,尤其是当克列亦惕强国覆灭后,铁木真已经成为蒙古中部和东部最强有力的统治者,乃蛮部感到极大的不安。在备战练兵的日子里,太阳罕知道光靠自己的力量,是战胜不了铁木真的。于是,他想到了居住在长城附近的汪古惕部落。其他的部落几乎都被铁木真消灭了,剩下的只是些无名之辈,只有这个汪古惕部还值得结成联盟。于是,他打算派人去游说汪古惕部,准备两面夹攻铁木真。

一天,他派人把能言会道的卓忽难找了来,说:"我准备出兵攻打铁木真,想派你到汪古惕部去一趟,请他们一起出兵。"

临行时,卓忽难对太阳罕说:"汗王请放心,不说服汪古惕部,我决不回来见您!"

"就看你的了!"太阳罕高兴地说,"你的嘴啊,能顶几万兵马呢!"

但是,太阳罕做梦都不会想到自己会被汪古惕部反咬了一口。汪古惕部的首领叫阿剌兀思。他早料到乃蛮部的太阳罕一定会派人来要他出兵相助,共同攻打蒙古部的铁木真。他事先就曾经召集手下,开会商量了这件事。

大家讨论的结果是:蒙古是自己的近邻,乃蛮却离自己很远,如今铁木真又那样强大,如果跟太阳罕走一样的路,定会吃亏,实在是犯不着。

但是,当汪古惕部的阿剌兀思听说乃蛮派使者前来访问,还是按照草原上的风俗热情地款待了卓忽难。

宴席上摆满了各色山珍海味,野鸡肉、狍子肉、飞龙肉应有尽有。

阿剌兀思举起酒杯,热情地说:"太阳罕没有忘记我这个远亲,今天还专门派使臣来看望我,感激万分啊!来,我们干一杯!"卓忽难看阿剌兀思这样热情,寻思着自己的任务有门儿。酒过三杯之后,卓忽难便把自己的来意告诉阿剌兀思:"阿剌兀思首领,我这次来有件要事和您相谈。"

"不要客气,有什么事情尽管说吧。"

于是,他按照太阳罕的吩咐,恳请汪古惕部出兵。并且说作战计划已经筹划好了,只需他们两部落联合起来南北夹击铁木真。

阿剌兀思面带笑容耐心地听着。卓忽难不断观察着阿剌兀思的神色,当他看到阿剌兀思的笑容,感到请兵这事已经是板上钉钉了,于是越说越起劲儿。

阿剌兀思仍在面带微笑地耐心听着。

直到最后,卓忽难终于把自己的话全说了。

"您说完了?"阿剌兀思笑着问道。

"嗯,这就是我们太阳罕的意思!"

"很好,很好!"阿剌兀思挥了挥手,"来人!"

卓忽难以为阿剌兀思要下达出兵的命令呢,乐得心花怒放。

随后进来四名大汉。卓忽难感觉有些不对,但是已经晚了。

"把这贼人给我绑起来,去送给铁木真!"阿剌兀思命令四名大汉。

卓忽难一听吓得差点尿裤子,大声喊道:"您不能这样做啊!"

"的确是这样,我不能这样做对不起铁木真的事。你真蠢,我和铁木真无冤无仇,要我出兵打他,做梦去吧!"阿剌兀思说。

当铁木真收到阿剌兀思送来的卓忽难后,既高兴又感激,马上派人给阿剌兀思送去 2000 匹马、2000 头羊,另外还有一封表示友好的信。

铁木真立刻开始准备新的战争。铁木真的军队这时候已经表现出一种相当坚强的威力。他的军队依据上古的制度，分为千人队、百人队、十人队，铁木真任命亲信的人并且是有经验的领导者，去做千户长和百户长。因为需要照管辎重，所以设置着扯儿必的新官职。他还挑选精兵，组成近卫军作为汗的亲卫队，来保卫他自己。他的组织，是严格基于贵族基础上的，所选拔的乃是千、百户长及自由民（答剌合惕）里面的子弟以及有技能和良好身材的那些人。

近卫队里面还包含着选拔出来的勇士（把阿秃儿）1000人，这种队伍在作战的时候常常置在最前线，在和平的时候则备充保卫。铁木真因为深深地知道草原游牧民成为一种突然攻击的牺牲品是怎样的容易，或者经过这样的一击便可能使规模宏大的事业变成泡影，所以他特别留意去组织汗帐（斡儿朵）而想得到有效保证。近卫军的制度和千户长、百户长的委任，奠定了草原贵族制的军事组织的基础。贵族们已经不再是秩序紊乱和毫无纪律的民兵领袖了，铁的纪律已经在近卫军和千户的战斗队伍中实施，而在他的帐殿中也以同样的严格形式在履行着。

1204年的1月16日，时年43岁的铁木真开始了出征乃蛮部的战役。这件事虽然可说是先下手为强，但是也包含着相当的危险性。因为游牧民的马群，是终年逗留在草地上的，所以一到春天便自然而然变得特别消瘦了。在开始进军以前，铁木真先用牲畜祭祀他的旄纛，因为依照蒙古人的观念，这个纛里是住着护军神速勒迭的。乃蛮部由太阳罕和他的儿子古出鲁克统率，前去迎战蒙古军，结果却完全败北。太阳罕丧失了性命，具有相当奋发力的古出鲁克也逃到了阿勒台山里去。在《蒙古秘史》里，叙述着铁木真的军队前进征讨乃蛮部时，可汗自己和他的股肱骑士们的姿态："那时札木合亦在乃蛮处。太阳罕问：'那些赶来的，如狼将群羊般直赶至圈内的，是什么人？'札木合说：'是我铁木真安答用人肉养的四头狗,曾教铁索拴着。那狗铜额凿齿,锥舌铁心,用环刀做马鞭。饮露骑风。厮杀时,吃人肉。如今放了铁索,喜欢得垂涎着来了。四狗是哲别、忽必烈、者勒篾、速必台。'太阳罕又问札木合:'随后如贪食的鹰般,当先来的是谁?'札木合说:'是我铁木真安答,浑身穿着铁甲,似贪食的鹰般来了。你看见么?你们曾说,若见了忙豁勒(蒙古)时,教他们连小羊羔儿的蹄皮也不留,如今你试着罢!'"铁木真既然击灭了乃蛮,便把他们整个部族贬作了俘虏。接着,他又进兵去征讨他的宿敌,这个宿敌就是以脱黑脱阿为首领的篾儿乞惕部的"森林民"。他们又被铁木真所击破,但是脱黑脱阿却偕同他的两个儿子和少许部众脱身逃走了。这时候,铁木真在篾儿乞惕部中得到一个有名的美人,就是在蒙古史诗里面称颂的第四个后妃忽兰。

第二年,铁木真抱着剿灭他的仇敌乃蛮人古出鲁克和篾儿乞惕人脱黑脱阿的目的,统率着军队从事超越阿勒台山脉的更远距离的战役。这次战事的结果是对方完全溃灭,脱黑脱阿被杀死,古出鲁克却逃到七河地方去,就是当时统治这个地方的哈剌契丹那里。速必台——铁木真的最干练将领之一,被派遣去追击篾儿乞惕部的残余以及和他们一起溃走的脱黑脱阿的几个儿子。这次的胜利,遂使铁木真成为全部北方蒙古的主人,所有蒙古部落都变成了他的臣下。目前仅存的,只不过是札木合一个人而已。

第二天,铁木真下令继续追赶逃兵:"斩草要除根,不能让这些仇敌溜掉。"于是,他派出两队追兵,自己率领一队人马以太阳罕手下的战将屈出律为目标,另一队以札木合为目标。

屈出律带着小队人马逃走以后,一路上疲于奔命,口渴难忍,后来终于来到了塔米儿河边,刚想捧水痛饮,不料铁木真的人马已经追到了河对岸。没有办法,他只好带着残部继续逃跑。直到逃到龙骨河一带,骑兵们实在跑不动了,屈出律心想:跑也得死,战也得死,拼了吧!

于是，铁木真的这一路追兵和屈出律的残兵又展开了一场惨烈的大搏斗。

毕竟，屈出律这一方在人数上是劣势，又处于极度的疲劳状态，作战已经是力不从心了。最后骑兵们都战死在龙骨河畔，而屈出律本人则凭着高超的武功，只身逃走了。

当铁木真的另一股追兵赶上札木合时，他已经被绑起来了。原来，札木合一路逃跑，最后只剩下了5个随从。这5个随从一看大事不妙，暗中商量：铁木真早晚会追来，不如投降算了。于是，5个人合伙把札木合绑了起来，交给了铁木真。这5个人本想在铁木真面前讨个好处，不料，铁木真看着这5个人，冷冷地问道："在札木合拼命奔逃时，是你们把札木合绑来的?"

"是呀，您不是要抓他吗?"其中的一个人讨好地说。

"札木合对你们如何?"

"还可以。"

"他信任你们吗?"

"非常信任!"

"既然札木合对你们还可以，又这么信任你们，那你们为什么还出卖他?"

那5个人不语。

"你们这群没良心、不讲义气的贼人!"铁木真说完，叫人把他们拉出去斩了。

札木合正为这5个人先他而死得意扬扬之时，铁木真转向札木合："我的札木合安答，你为什么三番五次欲置我于死地？不过，虽然如此，我仍可念安答之情，放你一条生路。"

"你还够朋友，我死了也心安了!"札木合根本不服软。

"我们是安答，一起发过誓言，对不对?"铁木真问。

"对，我们曾经发过誓!"札木合回答说，"那誓言我也记得，谁若是背叛了朋友，必死!"

"所以，我就没想活。"札木合沉思了一会儿，接着说，"再说，世界上不能有两个太阳，今天你既然已经成了蒙古草原的'太阳'，我札木合就不必再活了。不过，我还是希望你让我不出血而死。"

"好，我答应你！现在就依照你的话，叫你不流血而死，之后，我还会以礼埋葬！"随后，铁木真命令手下的人将札木合装在麻袋里勒死了。

札木合一死，漠北就再没有人能同铁木真争夺汗位了。

值得注意的是，早在1204年，铁木真在灭乃蛮部时就任用俘虏塔塔通阿创制了蒙古文字，同时使用印章。塔塔通阿精通本国的畏兀儿文字。铁木真成为成吉思汗后，命太子、皇子学习畏兀儿文字。从此开始聘请有学问的畏兀儿人从事宫廷子弟的教育。以征服乃蛮部、任用塔塔通阿为开端，蒙古民族开始以文字施行公事文牍。然而，成吉思汗本人并没有学它。

这样，成吉思汗建立了大蒙古国，把原来各自为政、互不统属的蒙古各部统一起来，使蒙古人作为一个民族共同体登上了世界历史舞台。

名人名言·坚持

1. 一日一钱,千日千钱;绳锯木断,水滴石穿。
    ——〔东汉〕班固
2. 耐心是一切聪明才智的基础。
    ——[古希腊]柏拉图
3. 成大事不在力量的大小,而在于能坚持多久。
    ——[英]塞·约翰生
4. 耐心和恒心总会得到报酬的。
    ——[美]爱因斯坦
5. 一个人如果做事没有恒心,他是任何事也做不成功的。
    ——[英]牛顿
6. 最可怕的敌人,就是没有坚强的信念。
    ——[法]罗曼·罗兰
7. 锲而舍之,朽木不折;锲而不舍,金石可镂。
    ——〔战国〕荀子
8. 在学问上最好的解决问题的方法是坚持。
    ——[法]卢梭
9. 滴水穿石不是靠力,而是因为它不舍昼夜。
    ——[古罗马]奥维德
10. 骐骥一跃,不能千里;驽马十驾,功不在舍。
    ——〔战国〕荀子

第四章

Chengjisihan

降夏灭金

有志者，事竟成，破釜沉舟，百二秦关终属楚；苦心人，天不负，卧薪尝胆，三千越甲可吞吴。

——〔清〕蒲松龄

▶ 降服西夏

大蒙古国的建立，为成吉思汗对外扩张打下了稳固的基础。作为大蒙古国的开国皇帝，成吉思汗与世界上所有的帝王一样，认为自己是世界的领导者，世界各国都应以他为轴心而转动。他曾说："长生天使我建立了世界上独一无二的最强大的政权，我头上只有一顶帽子。"他建国开始就放眼世界，要所有国家都臣服于大蒙古国。他的第一个目标便是西夏国。

西夏是党项族建立的政权，1038年建国，其疆土东至黄河，西界玉门，南接萧关，北控大漠，辖地万里。它东连金国，南接南宋西北边疆，北邻蒙古，西连畏兀儿，西南接吐蕃。西夏地理上农牧两宜，水草丰美，盛产骆驼和毡毯。西夏民风剽悍，善于作战。境内民族由汉族、党项、吐蕃、畏兀儿组成。

西夏武士

成吉思汗把对外扩张的第一个目标定为西夏，这是因为西夏不仅是蒙古的邻国，更是金国的附属国，它与金国互为唇齿。拔除西夏，可以折断金国的羽翼，打开通往吐蕃的道路，解除北征"林木中百姓"的后顾之忧，也是征服金国、南下征宋的战略所需。

成吉思汗先后数次征伐西夏。第一次是在成吉思汗即位前的1205年，克列亦惕部的桑昆兵败而逃，进入西夏寻求庇护，成吉思汗派兵追剿。西夏主虽然派军抵抗，但不敌蒙古军，被蒙古军攻占力吉里、落思等城堡，掳掠了大量财物、骆驼。夏主李纯祐被迫称臣纳贡，放桑昆逃往花剌子模国。第二年（1206），李安全登基，断绝了与大蒙古国的贡赐关系，继续投靠金国，请求金国给予帮助。因此，成吉思汗决定第二次征伐西夏。

1207年秋，成吉思汗亲率大军，派哲别为先锋，深入西夏腹地，经黑水城，直奔东西交通要城兀剌海。围城以前，先把途中抓到的牧羊人放回城中，要其传言"如敢据城为守，破城之后必屠城中之人"，实行攻心战术，以达到不战而屈的目的。但是，西夏军民恃城坚守，蒙古军缺乏攻城经验，围城40余日而不下。

成吉思汗决定用火攻。他向守城官吏提出，假如城中交出1000只猫和鸽子，蒙古军就解围撤兵。

对这一奇特的要求，敌将很觉惊奇。为让蒙古撤军，他们将城中的猫全捉起来，把能捉到的鸽子也捉来，全部交给蒙古军，而后仍然采取防守战略，紧闭城门，小心守备，等着蒙古人撤军。

他们万万没有想到，蒙古军在这些猫和鸽子尾上拴了浇透油的麻絮，点火齐放，惊恐的猫和鸽子惊叫着跑回和飞回自己的家里和巢中，引起城中大火。与此同时，蒙古军发起了总攻，终于攻破城池。夏主李安全在蒙古军的逼迫下，相拒了5个月，最后无力抵抗，遣使求和，将女儿献给成吉思汗，并送给他大量金银财宝和骆驼，请求归附。成吉思汗撤军返回老营。

西夏归附后，成吉思汗利用汪古部人和畏兀儿商人了解了金国和花剌子模国的政治、经济、交通、关卡、城堡、民情等各方面的情况。1209年，畏兀儿人主动来归服。

畏兀儿是汉文史料中记载的高昌回纥，国王称"亦都护"，意为幸福之主。畏兀儿在蒙古之前是西辽的附属国。他们之所以归附了大蒙古国,是因为西辽派往畏兀儿的监国少监作威作福、鱼肉人民、欺压百官,引起上下的强烈不满。因此,畏兀儿亦都护杀死西辽少监,要求归附成吉思汗。这时候,正好篾儿乞部首领脱黑脱阿之子忽图等人带着父亲的头颅前来归附,乃蛮的古出鲁克也一同前来,被亦都护拒绝,并驱逐出境,忽图、古出鲁克等人逃往西辽。这一举动,很受成吉思汗的赏识,亦都护因而得到成吉思汗的嘉奖,被允许归附。

1209年秋,成吉思汗第三次征讨西夏。夏主李安全于1207年表示臣服后,仍暗中与金国联系,所以,成吉思汗决定南下征讨。但这次蒙古军遭到了激烈抵抗。蒙古军仍从黑水城入境,直袭兀剌海城。夏主李安全派世子李承桢为主帅,大都督高令公为副帅,领5万大军进行抵抗,但未能抵住蒙古军强大的攻势。破城后,副帅高令公被俘,不屈被杀。蒙古军在城内巷战中又俘获西夏太傅西壁讹答。李安全得报,急命5万精兵守住阿剌筛山(贺兰山)险隘,想在这里挫败蒙古军。险隘地点是克夷门,这里两山对峙,崖壁峭立,易守难攻。双方相拒两月,蒙古军不能破。于是,成吉思汗改变战法,采取诱敌离阵战术,设计歼敌。敌军将领嵬名令公中计,企图追击游兵,结果被擒。克夷门被攻破,蒙古军迅速围逼中兴府,李安全亲督西夏军守城,坚决抵抗。中兴府用石块垒城,坚固难攻。蒙古军使用射石机、撞城器、喷火油器等武器都不起作用,围城月余,仍攻不下。到九月,成吉思汗下令筑坝提高水位,引黄河水灌城。这一招,使中兴府告急。十月,李安全派使臣突围向金国求援,但金国无力救助。西夏都城日渐不支,城内被水淹死者无数。正当城墙将要倒塌之时,突然河水决堤四溢,蒙古军营也被水淹,无法继续围城。成吉思汗派俘将西壁讹答入城劝降。李安全此时也正处在求金无望、危在旦夕之时,正求之不得,便归附了大蒙古国。

西夏的臣服，解除了成吉思汗征金的后顾之忧，下一步他将征讨的是大金国。

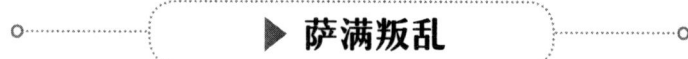

萨满叛乱

1210年，当成吉思汗准备征伐金国之际，蒙古国内部却发生了"通天巫"阔阔出的叛乱事件。

阔阔出是蒙力克的第四子，也是当时蒙古国最著名的大萨满（巫师）。让铁木真做蒙古国大汗的事，就是他最先提出来的。对成吉思汗来说，他算是位有功之臣。

同为巫师的巴阿邻部的豁儿赤比起阔阔出名气要小一些，但成吉思汗在封赏时却封他为万户长，唯独未赏阔阔出，甚至连千户长也未给他。这是因为阔阔出是个可怕的人物。

当时蒙古人普遍信奉萨满教，阔阔出号称"通天巫"，能与长生天对话，而且每言必中，致使信徒众多。阔阔出的父亲蒙力克是也速该巴阿秃儿的家臣，有托孤之功，建国后被成吉思汗封为千户之首，坐于最高位参议国事。有了这个政治资本，阔阔出声望日隆而门徒愈众。加上他家兄弟7人，地位显赫，一时间阔阔出气焰高涨，权倾一时。对此，成吉思汗是心存疑虑的。

不久，阔阔出果然把手伸进了成吉思汗家族。

他不但瞧不起成吉思汗诸兄弟，而且凭借所谓神语，离间成吉思汗兄弟之情。成吉思汗的二弟合撒儿，从小善射，异母弟弟别勒古台勇力过人，成吉思汗常说自己的成功，得力于这两个兄弟。阔阔出没把合撒儿看在眼里，有一次打了合撒儿，合撒儿去告诉成吉思汗，事也凑巧，正赶上成吉思汗为别的事发脾气，盛怒之下，反把合撒儿训斥了一番：

"你平日自谓无敌，怎么会被他殴打？"

合撒儿垂泪离去，三日不见成吉思汗。成吉思汗连日不见合撒儿，心生疑虑，阔阔出便乘此机会，向成吉思汗进谗言："天神相告，教铁木真与合撒儿轮流统治百姓。如不除合撒儿，你的大位尚未可知！"成吉思汗被阔阔出的妖言所惑，信以为真，亲自逮捕了合撒儿。此事被斡额仑养子曲出等人知道，连夜告诉了斡额仑。斡额仑闻言，即刻令人驾车，星夜往救。第二天早晨赶到大帐时，成吉思汗已除去合撒儿的衣冠，捆住他的双手，正在严词责问。斡额仑盛怒下车，直入帐内，亲自为合撒儿解开绑绳，还给他衣冠。她自己解开上衣，露出两乳，盘腿而坐，将乳置于膝上，责问成吉思汗：

"看见没有，这是你吃的乳！合撒儿有什么罪，你竟不惜自残骨肉？小时候，你只能吃尽我这一个乳，合赤温、铁木格二人，则连一个乳也吃不完，只有合撒儿能同时吃尽两个乳，使我胸中舒服。因此，铁木真多智，合撒儿多力善射。他为你执弓矢、讨叛捕亡，今日强敌已尽，你就不能容忍合撒儿了？"

面对斡额仑的斥责，有些羞愧的成吉思汗虽在母亲面前认了罪，但当母亲走后，仍减去了合撒儿的大部分封地，原封的户百姓，只留下 1400 户。斡额仑听到此事，闷闷不乐，不久得病而死。

合撒儿的辅臣者卜客（木华黎之叔）心中害怕，逃往贝加尔湖以东巴儿忽避难。此后，阔阔出家族势力日增，信徒日众，聚集在他家住帐的人，竟比成吉思汗左右的人还多。就连成吉思汗的小弟铁木格的百姓们，也去投奔通天巫阔阔出。铁木格派亲信去要人，阔阔出命人痛打使者，又将马鞍绑在使者背上赶了回来。铁木格亲自前去论理，也被阔阔出兄弟 7 人臭骂一顿。铁木格害怕被打，极力忍耐，婉言相商，仍然被罚跪于帐后。

铁木格气愤至极，第二天一早去见成吉思汗。当时成吉思汗还未起床，铁木格径直入内，长跪床前，哭诉被辱经过。他越说越伤心，说完放声大哭。

成吉思汗还未开口，夫人孛儿铁欠身坐起，也垂泪向成吉思汗说："晃豁坛氏之子干什么？日前打了合撒儿，今天又辱铁木格，你今健在，你兄弟已长成像桧柏一样健壮雄伟，他还敢一个一个地残害，一旦你如大树般的身躯忽然倾倒，我们如乱麻雀般的百姓们，如何肯服从你的孩子们的管辖？"面对这些事件，成吉思汗下定决心除掉阔阔出。他对铁木格说："今天阔阔出上朝时，你设法干掉他。"

铁木格遵命，选了3名大力士以待。早朝时，蒙力克老人领着7个儿子来见。阔阔出刚坐下，铁木格便走过去，抓住他的衣领说："你昨天要我服罪，我现在和你决斗去！"成吉思汗也说："你们到外面较量一下吧。"

二人刚出门口，3个大力士突然上前，将阔阔出推倒，折断了他的脊骨，抛弃在左厢车尾下。铁木格回来向成吉思汗报告：

"通天巫昨天要我服罪，今天与他刚一交手，他就倒了下去，赖在地上不肯起来，原来他也没什么了不起。"

成吉思汗喝道："我出去看一看！"他见阔阔出已死，命人用帐幕遮盖住尸体，将幕门及天窗紧密封住，并派人监视着，然后命令移营。

三天以后，阔阔出的尸体不翼而飞。成吉思汗闻讯后前去查看了一番，没再追问。他对众人说："通天巫打了我弟弟，又无中生有地向我进谗言，上天震怒，所以让他死无葬身之地！"

成吉思汗又责备蒙力克说："你有子而不能教，枉为父亲！他想与我等身齐座，所以将他除掉。如果早知你们没有德行，敢干出这样的事，就当与札木合、阿勒坛、忽察儿等一同处死！"然后又说，"我既然先前已免你九罪不罚，不能朝令夕改，被人耻笑，还是饶你一死。"

从此,成吉思汗除去一大内部隐患,蒙力克家族自此势衰。成吉思汗日后采取的宗教政策是信仰自由,各教并存,尊重各种宗教,不让一教得势,这与接受通天巫的教训有关。

▶ 覆灭金国

1214年,成吉思汗终于包围了位于中都(今北京)的金廷。宫廷已发生过政变,新金可汗经受了如此多的内部斗争,再也不愿面对长期的围攻,他同意与蒙古人和解,以换取他们的撤军。他献给蒙古人大量的绸缎、金银以及3000匹马和500名童男、童女。为确定这一协议,金汗承认自己是成吉思汗的附庸,并将一位公主送给成吉思汗做妻子。

作为回应,成吉思汗解除了中都之围,并开始长途跋涉,朝戈壁北端的外蒙古方向返回。契丹人收回了大部分领土,皇室也得到了恢复,他们被允许保持一个自己的小王国。成吉思汗表明了自己并无统治这些地区或设立一个蒙古政府的意图——只要他能得到自己所想的货物。正如他让畏兀儿人和西夏人掌管他们自己的领土一样,只要女真人和契丹人继续臣服于蒙古人并且纳贡,他就乐意让他们用其认为合适的任何方式来管理他们的王国。

由于契丹人和女真人都承认成吉思汗是他们的最高君主,他没有其他理由继续待在他们的领土上。夏季刚刚开始,但炎热和干燥就已使他的军队无法跨越戈壁,于是他们就在位于戈壁南端一个叫多伦泊(七湖)的地方驻夏。等到秋日凉爽的时节,部队就可纵情狂欢、宴饮,欣赏他们已俘获而又正要带回家乡的乐师和歌伎们的精彩表演。

然而，蒙古人刚从新近征服的领土上撤走，女真朝廷就开始违反协议。由于怀疑自己的民众秘密支持蒙古入侵者，保留了王位的金可汗准备撤出中都，整个朝廷南逃开封。他们认为那里会很安全，蒙古军队无力突破。对成吉思汗来说，金可汗的出逃是一种背叛新盟约的行为，是叛乱。尽管成吉思汗已经离开位于斡难河和客鲁涟河之间的家乡3年多，但他还是准备返回女真领土，再度征战。他组编了用于第四个年头作战的军队，从内蒙古挥师而下，返回到仅数个月之前他和他的军队曾经突袭过的首都。

金可汗留下部分士兵守卫旧都，但士兵和百姓们知道他们被抛弃了。成吉思汗前一年的胜利，在敌人内部各阶层，尤其是在那些被金可汗所抛弃的人之中，激起了一阵支持的浪潮。按照中国人的传统观点，战争的胜利属于那些上天所青睐的人——成吉思汗的成就在日益增加，对汉人农民和女真战士而言，他明显拥有天命，如果反对他，那就是在冒犯上天。金可汗的很多女真和其他部落战士，也认识到成吉思汗是一位真正的草原勇士，就像占领以及定居在城市之前的他们自己的祖先那样。比起那些腐化堕落而又不顾他们死活的统治者，汉人农民和女真战士与成吉思汗有更多的共同点。于是，女真将领们带领整个军团，一起投奔蒙古军队。

成吉思汗与新近并入的盟友一起，轻而易举地就占领了中都。然而这一次，他不会再给败北的女真人以纳贡的机会，这座城市将遭遇毁灭和劫掠，蒙古人将获得所有的一切。一旦该城即将攻陷的形势

蒙古铁骑与女真交战

变得明朗，成吉思汗就将最后的攻击任务交给部下去完成。由于

忍受不了夏季炎热，并且又讨厌定居生活的污秽，成吉思汗离开中都，返回纬度更高、天气更干燥而土地又更加空旷的内蒙古。他委派契丹将领哈台和他的军队劫掠该城，因为他们习惯于管理城市，而且还非常熟悉如何榨取财富。蒙古官员们待在一定距离的城外，等待着带给他们的并又登记在册的掠夺物。成吉思汗期望使用蒙古人常用的而又行之有效的方式来进行洗劫，因为他曾用这一方式击败过塔塔儿人。按照蒙古人的方式，士兵们将搜集起来的掠夺物，视作他们在群猎中的猎物收获，在全体蒙古人中间，按照他们的等级进行分配。直至最后一粒黄铜扣或最后一粒银铜扣，所有的一切都得按照精确的方案进行分配——从可汗得百分之十的份额，到孤儿寡妇的特定份额。

然而，蒙古的新盟友或是不了解这一分配制度，或是简单地拒绝遵守这一制度。他们中的许多人，尤其是契丹人和汉人，曾受到压制，并且又对女真人深感不满，他们渴望复仇和摧毁敌人，他们认为每位士兵都有权保有他所夺取的东西。他们从宫墙上拆走黄金制品，撬走镶嵌的宝石，抢夺装满金银的箱柜。他们把贵金属装载到牛车上，将一捆捆的绸缎绑到他们的骆驼背上。

成吉思汗将抢劫视为国家的一项重要事务，因此，他派遣蒙古人的首席法官失乞忽秃忽前往中都，指导有条不紊的掠夺和编造详细的财产清册。然而，失乞忽秃忽看到的却是混乱状况，而非有序的过程。蒙古官员，包括掌管皇室膳食的高级官员都处于城外，他们收受了作为贿赂品的用金丝镶边的绸缎，使盟军士兵得以持续地进行无序掠夺。而当失乞忽秃忽抵达该城时，也有人给他提供一份私人礼物，他严词拒绝，并返回成吉思汗那里，向他报告了这一不当的行为。成吉思汗非常气愤，严厉谴责了契丹人并且没收了他们的物品。

当蒙古士兵撤离这座女真人的城市时，他们还要给这片土地施以最后一项惩罚：他们驱离了那里的居民，并且焚毁了村庄。

万一成吉思汗的军队需要返回，想留下一片广阔空旷的地带作为大牧场。农田、石墙以及深壑，延缓了蒙古铁蹄的进军速度，阻碍了他们在这一地带纵横驰骋的计划。同样，这也阻碍了蒙古人喜欢猎杀的羚羊群、驴群及其他野生动物的自由迁徙。当蒙古人结束这场对付女真人的战役时，他们用马蹄来踩踏农田，翻起身后的土地，打算将该地还原成空旷的牧场。他们想确保农民不再回到他们的村庄和田地。这样，内蒙古保留了放牧地带，蒙古人在游牧部落地带和定居农民的田地之间，建立了一片广阔的牧场和森林缓冲区。草场茂盛的大草原作为马匹的牧草储备地，使他们在未来的袭击和战役中更便于使用，而退耕的草原也提供了以野生牧群为主的肉类储备，这些野生牧群一旦在农民与村民们被赶走后，就会返回到这些退耕的草原上。

整个 1215 年的前半年，蒙古人带着成队的民众、牲畜及货物，慢慢地开始从焚毁的中都前往干旱的内蒙古高原。他们再次聚集在多伦泊，成吉思汗一年之前就曾在那里停驻，徒劳地等待返回家乡。他们得等到夏季过后，才能冒险跨越戈壁。成吉思汗已多次显示出他在战争中取胜的能力，而今他又前所未有地展示了他将大批物资带给家乡人民的能力。

一条辉煌的丝绸巨流溢出了中国。这仿佛是成吉思汗变更了"丝绸之路"所有不同的翘曲路线，将它们汇成一条巨流，并且还改变其流向，使其向北散出，横跨蒙古草原。一队队骆驼和牛车商队运载了大量的贵重织物，蒙古人用丝绸来捆扎他们的货物，或将丝绸用作包装的材料。他们丢弃生牛皮绳索，改用丝绸的双绞软线。他们装满缝制有小珍珠的丝绸拖鞋并且包起一捆捆的长袍，这些长袍是用金银丝线来镶边的，上面饰有盛开的牡丹花、展翅高飞的鹤、汹涌的波涛以及神兽等各种图案。蒙古人的马车上装满了绸制的地毯、墙帷、枕头、软垫及毛毯，还有绸制的肩带、编织物、饰穗及丝带。他们搬运成卷的生丝、丝线以及衣料，这些衣料可制成所有可想象得到的各式衣服或装饰品；而在衣料的用色方面，蒙古人却无法用他们的语言来加以区分。

在抢劫和贸易的全部岁月里，成吉思汗带回家乡的货物数量，是没有哪位首领能比得上的。然而，数量虽如此巨大，但民众的欲望却无法得到满足。当他结束这场战争返回家乡的时候，他的所有商队都载满了贵重货物，但每支商队的装载物又激起了他们更多的欲望。每个蒙古人都可坐在自己帐篷内用丝绸盖着的漆具上；每位少女都可喷撒香水、涂脂抹粉以及穿金戴银；每匹骑乘的马都可装上金属装备，而每个勇士也都可配备青铜和铁制武器。为生产他们的手工制品，数千新工匠需要更多的原料——从木材、黏土和布料到青铜、黄金和白银等所有的一切。为供养这些工匠，他们不得不跨越阻隔放牧草场和南部农田的辽阔荒漠，拖运源源不断的大麦、小麦以及其他食品。成吉思汗带回家乡的俘虏越多，他所必须供应给他们的食物和必需品也就越多。新奇的物品成为必需品，而每个商队运载的货物则又激起了更多的欲望。他征服得越多，就越需要去征服。

草原不再被隔绝。成吉思汗不得不建立供给线，维持生产，以及规模空前地协调货物和民众的流动。开始于对戈壁南部城市的丝绸和新奇小物品的快速抄掠，已演变成为世界历史上长达30年之久的最为广泛的战争。成吉思汗将倾注他人生的下一个15年来横扫整个亚洲，在他去世的时候，他把这场战争遗留给子孙后代，为把战争扩大到新的国家并且针对新的民众，这场战争将持续两代人之久。

▶ 西方动乱

正当第三次征金取得胜利之际，从蒙古本土克鲁伦大本营传来了消息，乃蛮部太阳罕之子古出鲁克逃往西辽后，西辽主直鲁古汗收留了他，并把自己的女儿嫁给了他，古出鲁克做了西辽国的驸马。西辽主直鲁古汗年老志衰，日好游乐，不理政事，国事日非。西边毗邻的花剌子模国王摩诃末崛起，开始了他征服河中、策反西辽的活动。摩诃末暗中联络古出鲁克。古出鲁克见西辽主直鲁古汗地位动摇，面临崩溃，因此，他假意进言说：

"我离开我的国土和人民已经很久了，成吉思汗现在正同金国作战，我听说我的许多部民和军队都流落、分散在故地，他们要是听到我的音讯，便会聚集起来反抗敌人。如果您准许我去，我将把他们召集起来为您竭诚效力。"

直鲁古汗听信了他的假言，准许他去了。古出鲁克回到乃蛮旧地，收聚残部，很快组织了一支强有力的军队。然后，他与花剌子模国王摩诃末秘密协议，双方一起进军西辽。1211年，古出鲁克迫使直鲁古汗让出皇位，篡夺了西辽政权。

此时，另一位残敌、篾儿乞部脱黑脱阿之子忽图等人在成吉思汗征金后，认为老营空虚，有机可乘，便率领残余人马返回阿尔泰山以西一带活动，伺机卷土重来。他如与古出鲁克联合，对大蒙古国的危害将更大，因此，老营守将急报成吉思汗。

另外，原已归顺的"林木中百姓"秃马惕部发生了叛乱。他们囚禁了到那里选美女的万户长豁儿赤诺颜。

成吉思汗得报后返回大本营。他立即派熟悉秃马惕部情况的忽都合别乞前去调解,但秃马惕首领不听,又囚禁了忽都合别乞。于是,成吉思汗又派孛罗忽勒前往。

秃马惕部与乞儿吉思为邻,居住在贝加尔湖以西的密林里。该部百姓骁勇善战,且素以产美女著称。孛罗忽勒出征时,该部首领已死,其妻孛脱灰塔儿浑管理着秃马惕百姓。蒙古军到达秃马惕地界后,孛罗忽勒亲自引3人为前哨,沿密林小路走在军前探路,结果被秃马惕望哨者截断后路,活捉而被杀。

成吉思汗得知这一消息,大怒,准备亲自出征,被孛斡儿出和木华黎劝止,另派朵儿伯多黑申前去镇压。成吉思汗命令:"从严治军,祷告长生天,降服秃马惕!"

朵儿伯多黑申领旨,行军前在各路口委派了探哨人,以少数军队虚张声势,迷惑敌人,大军主力则沿野牡牛穿行的小径前进。他严令军士:"出征军人,如有胆小害怕者,打!"每人要背负十根木杖,再备斧、锛、锯、凿等器械,穿林开路,出其不意,直插敌营。于是,在秃马惕百姓正在宴饮、毫无准备之时,蒙古军突然出现,迅速降服了秃马惕部,救出了豁儿赤诺颜和忽都合别乞。

成吉思汗下令,在秃马惕百姓中选取100人赐予孛罗忽勒家中,让他们侍奉孛罗忽勒遗孀。又令豁儿赤选取美女30人。将孛脱灰塔儿浑赐给忽都合别乞为妻。

与此同时,成吉思汗派速必台将军出征,歼灭残敌忽图等人。1217年春,速必台率军出发,一直追到楚河击败忽图残余势力,最后全歼敌人。篾儿乞部残余敌对势力的消灭和秃马惕部叛乱的平服,使大蒙古国的统治更加巩固,蒙古后方得以安宁。1218年,成吉思汗令哲别率两万骑兵征讨西辽的古出鲁克。

西辽,蒙古人称"合剌契丹",是1125年金灭辽王朝后,由辽太祖耶律阿保机第八代孙耶律大石在1131年建立的国家。其疆域北至巴尔喀什湖,东至今新疆西部,东南抵和阗,西南接阿姆河,西达咸海,都城在虎思斡耳朵(今吉尔吉斯斯坦共和国托克马克附近)。耶律大石在位时,西辽拥有军队20万,是个不可忽视的军事强国。但他死后(1143年)不久,宫廷内为争夺皇位,互相残杀。乃蛮的古出鲁克逃到西辽后,使用阴谋手段夺取了皇位,做了西辽的古儿汗。他上台后,对内横征暴敛,鱼肉人民,排斥异教徒,取缔伊斯兰教,激起了西辽百姓的强烈反抗,因而其统治极不稳固。

当古出鲁克得知蒙古军队出征西辽的消息后,自知大势已去,便使用惯常的逃跑方式,企图保全性命。他在蒙古军未到之前,就率兵马出逃了。哲别将军抵达西辽哈失哈儿城(今新疆喀什),立即发布告示,宣布宗教信仰自由,得到西辽人民的拥护。而古出鲁克所到之处,均遭西辽百姓的抵抗,他已无藏身落脚之地。古山鲁克无奈,被逼逃向巴达哈伤(今阿富汗东北巴达克山境内)山谷。

此山谷崎岖不平,行走十分艰难,蒙古军无法深入追击。为此,哲别寻找当地猎民,与他们达成协议:如能捉住古出鲁克,送交蒙古军,蒙古军不再向猎民索要任何军需物品。猎民因此包围古出鲁克及其部卒,将其捉拿,交给蒙古军。哲别下令将他就地处死。至此,西辽灭亡,大蒙古国的疆土与花剌子模相连接。

成吉思汗消灭了西辽,但东边又出了一个大辽国。原来投降蒙古的耶律留哥手下将领又搞叛乱,1218年9月,他们占领高丽江东城,建立大辽国。成吉思汗派蒙古军东征高丽,高丽国与蒙古军议和。1219年,蒙古军攻下江东城,叛军全部投降。

至此,成吉思汗大蒙古国的周围已大致安定,南方已委派木华黎全权伐金,成吉思汗想借此机会稳定内部,逐步发展与周边国家的商业贸易关系,增强蒙古国力,为进一步扩张打下基础。

名人名言·爱国

1. 位卑未敢忘忧国。

　　　　　　　　　　——〔南宋〕陆游

2. 天下兴亡，匹夫有责。

　　　　　　　　——〔明末清初〕顾炎武

3. 宁做流浪汉，不做亡国奴。

　　　　　　　　　　　　——丰子恺

4. 人类最高的道德是什么？那就是爱国心。

　　　　　　　　　　——〔法〕拿破仑

5. 热爱自己的祖国是理所当然的事。

　　　　　　　　　　——〔德〕海涅

6. 人不仅为自己而生，而且也为祖国活。

　　　　　　　　——〔古希腊〕柏拉图

7. 先天下之忧而忧，后天下之乐而乐。

　　　　　　　　　——〔北宋〕范仲淹

8. 常思奋不顾身，而殉国家之急。

　　　　　　　　　——〔西汉〕司马迁

9. 人生自古谁无死，留取丹心照汗青。

　　　　　　　　　——〔南宋〕文天祥

10. 但使龙城飞将在，不教胡马度阴山。

　　　　　　　　　　——〔唐〕王昌龄

◁ 第五章 ▷

Chengjisihan

纵横欧亚

最有希望得成功者，并不是才干出众的人，而是那些最善于利用时机去努力开创的人。

——［古希腊］苏格拉底

▶ 继承人之争

花剌子模，蒙语称"撒儿塔兀勒"，汉语称"回回国"，是阿姆河下游的中亚国家，首都也叫花剌子模，与国同名。后来国都改名为玉龙杰赤，再后迁都撒马尔罕（今乌兹别克斯坦共和国撒马尔罕）。

花剌子模国，原臣属于突厥塞尔柱王朝。塞尔柱王朝于1180年灭亡，花剌子模臣属西辽。1200年，花剌子模国王摩诃末即位，他率军南征北战，征服了许多国家和地区，国势强盛起来。

1208年，摩诃末杀死西辽使臣，攻入西辽国。由此，花剌子模进入全盛时期。这时的花剌子模疆土西越里海、乌拉尔、咸海，北至伏尔加河，南抵申河（今印度河）、波斯湾，东至葱岭（今帕米尔高原），整个领土包括今天的乌兹别克斯坦、阿富汗、巴基斯坦、伊朗、伊拉克、土库曼斯坦、吉尔吉斯斯坦、塔吉克斯坦以及哈萨克斯坦东南各地，成为雄踞中亚的大国。

花剌子模为中亚交通枢纽，是沟通东西方的咽喉和桥梁。其国民大多信仰伊斯兰教。其中突厥和康里人经营畜牧业，其他人经营农业，种植葡萄和果木，尤以善于经商而著称。他们不但在国内经商，还到国外做买卖。

成吉思汗建立大蒙古国后，畏兀儿、西辽归入蒙古版图，大蒙古国与花剌子模成为邻国。花剌子模的零散商人和有组织的商队频繁到大蒙古国经商贸易。开始，成吉思汗很愿意两国友好通商，互通有无，但花剌子模国王摩诃末却另有打算，他想征服中国。当他得知大蒙古国兴起，并已囊括一半中国时，曾想伺机东征，掳掠财富，但因情况不明，不敢贸然行事。所以他派出巴哈·阿丁·刺吉为首的使团，以行商的名义到中都了解情况。当时蒙古军已攻入中都，成吉思汗在中都附近的行宫中热情地接待了使团成员，并表示说：

"朕为东方的统治者，沙（意为国王，指摩诃末）就为西方的统治者吧。我们双方保持和平友好关系，要让两国的商人自由通行。"

1216年，成吉思汗派使者和商队回访了花刺子模，1218年又派出以花刺子模人麻哈茂德等人为首的使节，携带金银财宝和昂贵的毛纺织品作为重礼，到河中拜见摩诃末国王。当时摩诃末正在西征巴格达，他想借助蒙古牵制西辽，以解除后顾之忧，认为建立两国的贸易关系对双方都有利，因此同意成吉思汗的建议，双方缔结了和平通商协定。

实际上，和平通商只是摩诃末的权宜之计。私下，摩诃末企图收买蒙古使臣，为其充当间谍。他单独召见使者麻哈茂德，对他说：

"你本是花刺子模人，我知道你忠诚可靠，以后你把成吉思汗的举动随时报告给我，我将给你重赏。"说完，取一副宝石手镯给了麻哈茂德，作为不食言的佐证。

后来，摩诃末蓄意挑起冲突。1217年，速必台奉命追击篾儿乞残部，在楚河击败他们。1218年，速必台正准备胜利回师时，摩诃末率军队追踪蒙古军，一直追到谦河（今叶尼塞河）。速必台前去劝说："成吉思汗命令我们，若遇见花刺子模军队，要友谊相待，将缴获的物品犒劳贵军，希望双方不要交战。"

但摩诃末自恃兵多，无理回答说："成吉思汗虽命你不要攻击我，但上帝命我攻击你们！"

于是，摩诃末率军攻打蒙古军。蒙古军被迫迎战，向摩诃末的中军突击。不可一世的摩诃末没有想到，蒙古军士是那样英勇善战，他险些被俘，因得到其子扎兰丁的救护才得以脱险。

1219年,哲别率军灭西辽时,摩诃末又趁机占领了直到讹答剌(今哈萨克斯坦共和国境内锡尔河中游地区)为止的西辽领土,因而挑起了两国间的边界纠纷。

更严重的是,摩诃末违反国家交往的惯例,斩杀大蒙古国使臣和大批商队成员。1218年,成吉思汗根据两国间的通商协议,派出450人组成的商队,由500峰骆驼驮运商品,其中有金银、丝绸、驼毛织品、海狸皮、貂皮等贵重物品,去花剌子模国。

成吉思汗给摩诃末致信说:"你邦的商人已至我处,今将他们遣归。情况你将获悉。我们也派出一支商队,随他们前去你邦,以购买你方的珍宝。从今以后,我们应使常行和荒废的道路平安开放,使商人们可以安全地、无约束地来往。"

这封信,表达了成吉思汗希望两国和平共处、互通商旅的真诚愿望。

但事与愿违,当使臣和商队到达讹答剌城以后,讹答剌守将亦纳勒赤见有许多财宝,起了歹心,竟诬告商队是间谍,将商队扣留。摩诃末国王接到亦纳勒术的报告后,不经调查就下令处死商队成员,没收商队全部财产。450人的商队遭到摩诃末的血腥屠杀,只有一人逃出牢房,历尽千辛万苦跑回大蒙古国,向成吉思汗报告了使臣和商队人员被杀的经过。

成吉思汗得知这一震惊人心的噩耗,大为震怒,流着热泪,决心要为死者报仇。他压住心中怒火,连续思考了3昼夜。他认为一个国王不会轻易背信弃义,破坏条约,很可能是他的手下所为。为慎重起见,成吉思汗又派出使臣前往花剌子模国,正使是伊斯兰人巴哈拉,副使是两位蒙古人,向摩诃末传话:"你我以前约好,不虐待商人。今天突然毁约,可不是当国王的人做的事。如果商人被杀不是你的命令,请你把讹答剌守将交给我处罚,不然的话,就请你准备打仗吧!"

成吉思汗这样谨慎行事,是不想破坏两国关系,给摩诃末一个下台阶的机会。成吉思汗征金的战事方兴未艾,他不愿意冒两面作战的危险，表现了从战略上考虑问题的雄才睿智。然而，目空一切、专横跋扈的摩诃末拒绝了成吉思汗的正当要求，而且不顾两国交兵、不斩来使的国际惯例，竟在两国尚未交战的情况下，杀了正使，把两位副使的胡须剃光，押送出境。古代蒙古人的习俗，被人剃掉胡须是奇耻大辱。花剌子模国王摩诃末的不明智的做法，是遭到灭顶之灾的直接诱因。

使者回来报告了事情的始末，成吉思汗知道用和平方式已不能解决争端，决定西征花剌子模，兴师问罪。他首先召集忽里勒台，进行战事动员，部署任务。

在忽里勒台大帐中，成吉思汗坐在刻有龙纹的座椅上，他右手边坐着家族成员，左手边坐着文武大臣。成吉思汗脸色严肃，他用恼怒的眼神扫了一下众人，大声说道："我的金锁链被花剌子模砍断了，我的胸膛燃起了满腔怒火……"成吉思汗从与花剌子模商人接触到与摩诃末互定和平通商条约谈起，讲述了蒙古国450人的商队成员被害，再派使者问罪，杀正使、剃掉两位副使胡须的经过，然后说，"我已下定决心，要亲自率军西征花剌子模，以牙还牙，以眼还眼！"

听了成吉思汗的决定，在座的各位将军大臣一致同意，异口同声地喊起："以牙还牙！以眼还眼！报仇雪恨！"

西征花剌子模就意味着大蒙古国要在两线作战，因此成吉思汗命令木华黎带领汪古惕、豁儿罗思、兀鲁兀惕、忙忽惕、翁吉刺等率2.5万名蒙古军，加上投诚的主儿沁（女真）、契丹和汉军共7.5万人，继续攻打金国。成吉思汗向木华黎委以金牌，令他全权处理各种事宜。

成吉思汗委托铁木格小弟和阿剌海公主："在我西征花剌子模期间，你二人留守本土，处理国内一切事宜。"

交代了两项大事，成吉思汗问在座各位："大家还有什么建议？"话音未落，耶律楚材从座位上站起，向汗躬身施礼，成吉思汗微笑着问："大胡子有何良言？"

耶律楚材说:"花剌子模距我遥远,百姓的风俗习惯与我迥异,这次出征我们必须从战马、食粮到作战武器、攻城器械等各方面做充分准备。"

对耶律楚材的建议,成吉思汗点头同意。这时,也遂合屯起立说道:"我的汗主,您越高山渡大河,率军长途远征时,是否想到应有继承者?国家长存,但人生有限,您健壮的躯体,如果离开我们,这统一的国家交给谁?您坚韧的身体,如果松劲的时候,您4个儿子中,谁来掌握政权?望令大家知道!"

听了也遂合屯的建议和奏请,成吉思汗说:"也遂虽为妇人,所说的话很对。在座的弟弟们、儿子们及孛斡儿出、木华黎等人,都没有进此言,而我本人现在还健在,所以把这件事忘了。这件大事,明天与4个孩子商量决定。"

第二天,忽必台会议继续进行,成吉思汗首先问长子术赤:"你是诸子之长,对汗位继承人的大事,你要说些什么?"

术赤还未开口,察合台站起来说:"父汗要术赤先说话,是要委任术赤,我们哪能听任篾儿乞种的指挥!"

察合台的话十分难听,意思是说术赤不是成吉思汗的儿子,而是他母亲孛儿铁夫人被篾儿乞人抢去后所得之子。对这种诬蔑不恭之词,术赤听了大怒,揪住察合台的衣领说:"汗父对我都未曾有什么异言,你如何这样污辱我?你有何能?不过脾气暴躁、行为专横罢了。若远射而败给你,我敢折断拇指扔掉;若相搏而败给你,倒地之后我永远不起,愿听汗父裁夺!"

兄弟俩反目相搏,孛斡儿出和木华黎两人赶紧上前拉开。成吉思汗默然而坐,孛儿铁凄然流泪。这时在座的阔阔出思站起来对察合台说:"察合台,你何必太急!你汗父在4个儿子中,最指望于你。你未生之前,列国相攻,夜不能宿而相抢劫!列国相残,不卧其衾而相争斗!那时候,你亲族散乱,你母亲被掳,处境极为危险。你母亲经历的苦难,你不曾问;抚养你的恩情,你不曾想。你这样胡言乱语,是想否定母亲的高尚情思吗?难听的话语,你察合台说了！你弟兄四人，出自一个胞胎，难道不都是孛儿铁的孩子吗？把亲爱的母亲用非理性的言语刺伤，怎能成为一个纯正的人！把生你的妈妈，用过头的言语伤害，即使觉悟后悔，说出的话儿不能收回！你圣主汗父，统一蒙古各部，不惜丢掉头颅，不惜流淌鲜血，你母亲孛儿铁夫人，与他同甘共苦，在所有斗争中，一同流洒汗水，为了抚育你们，贡献出了全部身心。请你不要伤害你贤惠母亲的心！"

阔阔出思的一番教导，成吉思汗深为同意，他说："4个孩子中术赤为兄，谁也不许那样说他，察合台你记住了吗？"

察合台自知有错，阔阔出思的一番批评，已使他脸红到了耳根。他低着头回答："我以后不再说这种话了，父汗的孩子中术赤为兄，他的本领不能轻视。我们将共同为父汗效力。出了叛逆者，坚决镇压平息。"但他仍然建议，窝阔台弟弟敦厚稳重，可以让他继承汗位。听了察合台的话，成吉思汗问术赤："说说你的想法吧。"术赤说："就按察合台所说，让窝阔台继承汗位，我和察合台协助他。"

成吉思汗听了，说道："协助什么！世界这么大，江河这么多，可以分领营地，各治其国。希望术赤、察合台二人实践所言，不要让国民嘲笑你们，要友好相处。过去阿勒坛、忽察儿二人，也曾这样起誓，但未能实践所说的话，他们的结果如何你们是清楚的。要以他们为戒，望你们时刻警惕。"

接着，他对窝阔台说："窝阔台，你想说些什么？现在说吧。"

窝阔台起立："父汗让我说，我说些什么呢？我不能说我没能力继承汗位，只能说努力去做。"成吉思汗听了，点头说："窝阔台的话有道理。"然后问四子拖雷，"你有什么话说？"

拖雷起立说道："我愿在父汗指名的兄长身旁，提醒他所忘的事情，使他注意安睡后带来的疏忽，做兄长应声的随从、策马的长鞭，愿随兄长远行征进，战斗中拼搏向前！"

听了4个儿子的意见，成吉思汗降旨说："合撒儿的子孙中报一名继承人，合赤温的子孙中报一名继承人，铁木格的子孙中报一名继承人，别勒古台的子孙中报一名继承人，我的儿子中将来由窝阔台继承汗位，我所下达的旨令，永远不许更改！"

▶ 大军西征

西征花剌子模之前，成吉思汗决定在全国进行战争总动员，在人员、战争物资以及舆论上尽可能做好准备。他分别致信畏兀儿的亦都护、合儿鲁兀惕舶阿儿思兰汗及西夏国主李遵顼等人，令他们带领察部军队参战。契丹和西辽的军队也应召入伍，并由汉族士兵组建了一支炮兵部队。成吉思汗总结了多年攻城略地的战斗经验，利用战争中所俘敌方技师、工匠的一切技术，改进了攻城器械，准备了大量的投掷器、投石器、倾城器、火焰发射器、弩炮等武器，极大地加强了攻城力量。军队中配备了军医和各种军需品。他还命令骑兵部队，每人带三四匹从马，以备更换和长途行军，保持强盛的战斗能力。这样成吉思汗的总兵力达到15万（一说是23万），对外号称60万大军。但这次征兵，西夏主国李遵顼没有出兵支援。过去，他曾表示要做成吉思汗的右手军，随时听候调遣，但这次成吉思汗令他出军时，西夏大将阿沙敢不恶言相讥："既然没有力量，就别硬称可汗！等到蒙古军被打败时，我们就派军队来支援。"

成吉思汗听了，十分生气。但眼前大事是要西征，所以暂时作罢。他当众宣布："假如得到长生天的护佑，打败花剌子模，牢牢握着金马勒回来后，再向西夏兴师问罪。"

1219年6月，成吉思汗率领4个儿子和失吉忽秃忽、耶律楚材、孛斡儿出、哲别、速必台等军将大臣，另带着忽兰妃，从克鲁伦河出发，越过阿尔泰山到达也儿的石河畔扎营度夏，养精蓄锐，待秋季举兵。水草丰美的也儿的石河谷地驻满了兵马，随行的耶律楚材作词描写道："车帐如云，将士如雨，牛马被野，兵甲辉天，远望烟火，连营万里。"

面对蒙古军队的威胁，花剌子模国将军队分散部署于北疆（锡尔河一线）和东部边界的主要城市。摩诃末之所以如此部署，是因为他不知道蒙古军队将从何处发起进攻。他把其余的军队分别调去驻守河中地区各要塞（如不花剌和撒马尔罕）和原花剌子模各要塞。这种分兵御敌的战略造成了这样一种局面：尽管花剌子模军队总人数多于蒙古军队，处于优势，但每一个要塞守军的人数却又少于蒙古军队，因而又处于劣势。

锡尔河是花剌子模帝国的北界。成吉思汗于1219年秋发起的进攻就是从这里的讹答剌城前开始。成吉思汗命令他的两个儿子察合台和窝阔台率领一支军队在畏兀儿干巴尔术的协助下围攻这个城市。察合台等围攻了很长时间才攻下该城，因为该城的城主就是那个在上一年杀害成吉思汗所派商队人员的亦纳勒术，亦纳勒术知道自己没有任何被宽恕的希望，遂拼死守城顽抗。城市被攻破以后，他还在该城中心城堡中坚持抵抗了一个月。最后，他在四面受到围攻的情况下，仍率从卒二人登屋格斗。转眼间二从卒亦亡，他便孤身一人奋战，接过妇女们从墙头递来的砖头猛掷蒙古兵，发疯似的抵抗，终因寡不敌众，被蒙古军抓住，捆绑押至成吉思汗面前。为了替死于亦纳勒术贪婪的屠刀下的蒙古商人报仇，成吉思汗命令杀死了亦纳勒术。

第二支蒙古军队由成吉思汗的长子术赤率领。术赤率部沿锡尔河左岸进发，来到昔格纳黑城前下营。术赤派一个名叫哈散哈只的士兵前去劝降，要城内军民放弃抵抗，打开城门。但是，那些城民根本不听来使的话，而且将这位来使处死了。于是，术赤命令立即攻城，并严令城未攻破以前不许停止战斗。前队攻得疲惫了，后队立即冲上去取而代之。就这样，经过7天连续不断的轮番冲锋，蒙古军队终于攻进了昔格纳黑市，进城杀死了所有的居民。

在成吉思汗的长子术赤连克锡尔河下游各城的同时，另一支蒙古军（5000人）在阿剌黑那额、速格秃扯儿必和塔孩的率领下，溯锡尔河而上，挺进锡尔河上游地区，向位于塔什干西面的别纳客忒城发起进攻。这个要塞的守军是属于康里部的突厥雇佣军。这些雇佣兵抵抗了3天，终于支持不住，请求投降。蒙古军准予投降，答应饶他们不死。但是，当这些雇佣军投降，城内居民被赶出城以后，蒙古军就将他们同市民分开，然后用刀和箭处死了他们。接着，蒙古人将市民中的工匠分配到蒙古军各队，然后驱赶着年轻力壮的市民前去围攻别的要塞据点。

阿剌黑那额等人率领的这支军队继续溯锡尔河而上，来到费尔干纳前的忽班城下。忽班城主是当时最著名的突厥勇士之一，名叫帖木儿灭里。帖木儿灭里率领1000名精兵退守位于锡尔河中心的城堡。鉴于帖木儿灭里要顽抗到底，成吉思汗便向这里增派了2万名蒙古军和5万名战俘，来帮助阿剌黑那额等攻城。5万名战俘被编成班，分别由蒙古军官率领，前往12公里以外的山地运来石块，将石块投入河水中。帖木儿灭里则命人造了一些巨大的装甲船只，每天派一些士兵乘这种船来到岸边，向蒙古军放箭。但最后，帖木儿灭里再也无计可施了，便带着亲信借助他的小舰队逃出忽班，顺锡尔河而下。蒙古军早有防备，在河上横拉了一条铁链，想凭此阻拦住帖木儿灭里。小舰队撞断了铁链，继续顺流而去。但是，这个小舰队在要逃离忽班时，发现术赤早已用船只横排于河上，组成了一道"拦河坝"。帖木儿灭里一看大事不好，还没等小舰队靠近"拦河坝"，便弃舟登岸，飞身跨上一匹战马，纵马飞驰，穿过克齐尔库姆沙漠而去。蒙古人试图追上他，但未能如愿。

这个例子证明，花剌子模军队并不乏英雄气概，但他们的统帅指挥无方。花剌子模帝国的军队被分散部署在各个要塞，这就注定他们要消极被动地挨打，大批地被歼灭。

成吉思汗也在行动。正当他的3个儿子和其他几位将领在锡尔河一线一个接一个地攻陷城池要塞之时，他和他的幼子拖雷率领中军从讹答剌向古代河中地区的中心泽拉夫尚河谷进发。该中军的先头部队由答亦儿把阿秃儿率领，沿红沙区南部边缘而行，抵达努腊达市。当时已是深夜。蒙古军穿过城周围的公园，在第二天清晨突然来到城下。城里的居民根本没有想到来到的这些人是蒙古军，竟误把这些蒙古军当成了友好的商队，因此丝毫也没想到抵抗，便向速必台带领的人马打开了城门。蒙古人进城以后，便逐家洗劫，除洗劫所得财物以外，又向居民征收了1500第纳尔，相当于花剌子模当局平时的征税额。1220年，成吉思汗率军抵达不花剌。

不花剌是这里的最大的城市之一。成吉思汗大军到来时，不花剌守卫部队由2万到3万突厥雇佣军组成。成吉思汗指挥军队把不花剌城团团围住，然后下令攻城，连续攻了3天。蒙古军施展其惯伎，把从当地抓来的老百姓赶在前面，发起冲锋。最后守城军队决定向蒙古人投降。1220年2月10日至16日，蒙古人陆续开进不花剌市。

蒙古军队在大肆洗劫后，纵火焚烧了不花剌城。大火几乎烧毁了整个城市（该城建筑多用木材），只剩下了几个诸如大礼拜寺和几座宫殿那样的砖石结构的建筑物。

1220年5月，成吉思汗在迅速扫清几个障碍后，来到撒马尔罕这个大城市。城里有5万人的卫戍部队，防守工事十分严密。因此，成吉思汗在攻这座城市时必须谨慎。他的另外三支军队现在已经完成了攻破河中各城镇的任务，此时也一齐赶到撒马尔罕来同他会师。这三支军队还带来了一批俘虏，以助他围攻撒马尔罕。

成吉思汗将中军帐设在市郊，他首先花了两天的时间亲自环绕全城，实地勘察城墙防护、外围工事以及城门的虚实。第三天，他命令部队开始攻城,把那些扮成蒙古士兵的不幸的俘虏赶在部队的前列。城内有一队勇士出城与之交战。蒙古人采取灵活的战术,慢慢地后退,把这些临时组成的步兵引入埋伏地点,然后以骑兵分割包围而全部歼灭之,总共有5万撒马尔罕人被如此诱杀。这就大大打击了被包围的该城守军的斗志。这些守军大部分是康里人(突厥人的一种),是花剌子模帝国雇佣军。这些康里人认为,自己是突厥人,与蒙古人同种,必会被蒙古人以同胞对待。于是,在第五天,康里人在脱海罕的带领下携行李和家眷来到蒙古军营投降。被守军抛弃了的城内居民别无办法,也只好投降。城中的法官、教正等来见成吉思汗,表示愿献城投降。成吉思汗向他们许下了令他们满意的诺言。于是他们便回去给蒙古人打开了城门。1220年3月17日,蒙古军队通过西北门开进撒马尔罕城。他们进城以后,立即动手拆毁城防工事。就像其他处于此种情况下的城市居民一样,撒马尔罕的居民都被迫出城,以便让蒙古军队进行洗劫(因为没有居民在市内,洗劫起来比较方便一些)。但是,对该城的法官、教正和其他律法师以及神职人员,成吉思汗则采取了保护性措施,且这些保护性措施都得到了不折不扣地实施。

　　至于那些首先投降的雇佣军,他们可说是打错了算盘。大家知道,成吉思汗是多么憎恶背叛行为,他下令将这3万名突厥雇佣军斩尽杀绝了。但成吉思汗对撒马尔罕的市民(多数是塔吉克人)却比较宽容,他只从居民中挑选了3万名工匠,还从居民中征发了3万名壮丁随军作役夫。其余的市民大约还有5万人,成吉思汗允许他们在缴纳赎金以后回城。

▶ 逼死摩诃末

随后，蒙古军队进军花剌子模国首都玉龙杰赤。玉龙杰赤的突厥卫戍部队决心拼死抵抗蒙古军队的进攻。忠实于花剌子模王朝的居民也都抱如此决心。成吉思汗派了一支实力强大的军队——这支军队大约有5万人——去攻取玉龙杰赤。指挥这支大军的是他的3个儿子——术赤、察合台和窝阔台。术赤想不费一刀一箭就使该城投降，遂派人前去晓谕城民，说他的父汗已将花剌子模封给了他，他希望这个首都完整无损，不遭到任何破坏。他还下令保护公园和郊区，以表明他的善意。但是，他的这一招降措施没有取得任何成果。

由于术赤和察合台二人不和，加上守城军队顽强抵抗，攻城工作进行得并不顺利。成吉思汗对他二人的表现十分生气，改命窝阔台统领全军攻城，责令术赤和察合台都必须听从其弟窝阔台的指挥。窝阔台在术赤和察合台二人之间调停，使二人再次和解。与此同时，窝阔台采取严厉的态度，在军队中严申纪律，从而使士气复振。

战斗又开始了，双方厮杀得非常激烈。被包围的市民，包括妇女、儿童和老人，知道自己不会得到蒙古人的怜悯和恩惠，于是全部积极地、不松懈地投入了战斗，每幢房屋都变成了堡垒。蒙古军队持续向这些已变成堡垒的房屋投掷燃烧着的油罐。接着，他们便踏着燃烧着的尸骨往前冲。守城军民抵抗了整整7天，退到了还没被大火烧着的最后3个区，无奈之下，只好投降。术赤下令驱民出城。市民中年轻的妇女和儿童都沦为了蒙古人的奴隶。

所有的工匠被集中在一处，以便遣往蒙古为成吉思汗服务。其余的男性居民全部死于蒙古军队的刀箭之下。最后，蒙古军掘开阿姆河堤，引水灌城，玉龙杰赤市顿成一片汪洋。此事发生在1221年4月。

摩诃末面对这一局势心惊肉跳，丧魂落魄，原先那副极端愚蠢的不知天高地厚的神气不见了，随之而出现的是灰心丧气、颓丧不振。束手无策、一筹莫展的摩诃末竟选择了三十六计中的走为上计，向南面巴里黑方向逃窜而去。成吉思汗派手下两名最优秀的将领哲别和速必台，再加上脱忽察儿，率领两万骑兵去追击逃犯。惊心动魄的追击战开始了。蒙古军队狂驰1500公里，期间，攻城拔寨，无往不利，将摩诃末撵到里海之滨得雷什特市。当地首领一开始向摩诃末表示，可以向他提供十来万军队。但是，一听说蒙古军队正在附近洗劫，这位统治者又吓得六神无主了，因此未能集中起十来万军队来。摩诃末又惶惶跑到可疾云。在可疾云，他的一个儿子为他调集了3万军队。如果摩诃末此时指挥这3万军队进行反击，是有可能击败追击他的这支蒙古军队的，因为当时这支蒙古军队是分散成小队活动的。但是，摩诃末又一次主动放弃了反败为胜的机会，他脑子里的"蒙古恐惧症"又发作了。此时，他没有设法组织军队去袭击敌人，而且自己差一点儿在哈仓被抓获。当时他的坐骑被蒙古军射伤，他急忙换乘了一匹马，勉强得以逃脱。他想到巴黑塔惕避难，便策马向哈马丹驰去。蒙古骑兵跟踪而来，在哈马丹同摩诃末的随从展开了一场小冲突。但在这场小冲突中，蒙古人并未能辨认出他。摩诃末这时又改变了主意，决定放弃前往巴黑塔惕避难的计划，转而返回里海之滨。他突然改变逃跑的方向，使哲别和速必台一度陷入了困惑和茫然境地，失去了跟踪的线索。因此，摩诃末得以顺利地抵达马三德兰。但是，蒙古军很快又发现了他的踪迹。摩诃末刚到马三德兰不久，蒙古军的先头部队就赶来了。他急忙弃岸登舟，船刚一驶远，后面的箭矢就如雨点般飞来。摩诃末狼狈钻入阿斯

成吉思汗传

特剌巴德以西戈尔甘河河口附近之阿必斯衮小岛。1221年1月，摩诃末绝望颓丧，疲惫不堪，惊悸成疾，终于死在了这个孤岛上。

这个胆敢顶撞成吉思汗的人，这个杀害成吉思汗的商队人员而又拒绝赔礼道歉的人，终于不在了，哲别和速必台完成了成吉思汗交给他们的追击摩诃末的任务。他俩虽然未能活捉摩诃末，但却像追击一只猎物一样使他疲于奔命，将他逼得走投无路而最终使他病逝于荒岛。而他们，尽管自渡过阿姆河以后策马奔驰了1600多公里，却仍然像开始出发时那样生龙活虎，精力充沛。他们刚一完成任务，成吉思汗又立即交给他们另一个任务：继续前进，对波斯西北的高加索和俄罗斯南部里海周围地区进行大规模的侦察性袭击。

在这场战争中，阿拉伯——波斯的评论家们无法忘记成吉思汗给他们带来的苦难和破坏。但是，实际上，这种看法是不足以说明问题的。事实上，在阿富汗山区进行远征的成吉思汗仍然是蒙古史诗中的成吉思汗，仍然是一个慷慨大度的半人半神式的人物，他仍是那么崇高伟大，在处理一切事情时还是那么克制有度、公平廉明、头脑清醒冷静。总之，他说话行事仍是那么合乎人情，甚至可以说充满着人道主义精神。他对花剌子模帝国使用武力是出于比较公正的理由——花剌子模人屠杀了他派去的商人和使节。只不过，蒙古人是按照蒙古的方式来进行这场别人迫使他们进行的合法战争的，因为他们是游牧人，是居住在北方草原或泰加森林的半野蛮人。因此，在阿富汗山区征战的成吉思汗同蒙古史诗中的成吉思汗是一致的，是没有什么不同的。成吉思汗个人在阿富汗山区的所作所为表明，他仍是创造历史的最伟大的人物之一。在文化方面，当时的蒙古军队同后来17世纪时期美国西部平原上的印第安人差不多处于同一水平。蒙古的"亚历山大大帝"成吉思汗担任了这支蒙古军队的统帅，这并不是他的过错。

第五章 纵横欧亚

马背上杰出的政治家、军事家

▶ 击败扎兰丁

在一系列城市被摧毁后,花剌子模帝国王位继承人扎兰丁王子逃到了哥疾宁城。他是个响当当的男儿,一度击溃所向无敌的蒙古军队,迫使成吉思汗加派大量援军。在八鲁湾城,两军相遇,激烈厮杀了一整天,不分胜负。天黑以后,双方鸣金收兵,各自退回本营。夜间,蒙古将领失乞忽秃忽心生一计:命令每个骑兵缚一像人的毡于马上,使敌人误认为他又有了援军(这一计策差点儿获得成功)。第二天一早,扎兰丁手下的将领看见蒙古军排成两列,果然以为其他的蒙古骑兵已赶来增援失乞忽秃忽,便提议撤退。但是,扎兰丁却坚持要厮杀,不许后退。他命令所有的骑兵下马,各人将马缰绳系于腰带上,沉着地站在那里等待蒙古人进攻。

战斗又开始了。蒙古骑兵猛冲过来,扎兰丁军队一齐张弓攒射,矢如雨集。蒙古军被迫后退,重新组织冲锋。失乞忽秃忽挥军第二次冲过来,眼看就要冲到对方的阵地。就在这时,扎兰丁突然吹响号角,他手下的将士一听,迅疾飞身上马,向蒙古军反扑过来,喊杀声震天。扎兰丁军队仗着数量上的优势,拉开战线,企图将蒙古军团团围住。失乞忽秃忽命令部下视其秃黑(他的军旗)所向,冲突敌阵。但这时,蒙古军队已被包围,遂大溃,各自策马奔逃。这个战场上溪涧冲沟纷错,蒙古骑兵奔至沟边,来不及收缰,马匹纷纷颠落。而扎兰丁的骑兵却稳骑马上,挥刀大肆劈杀。就这样,这支蒙古军队大部被消灭了。扎兰丁的军队素以残酷著称,比人们常常责备的蒙古军残酷得多。

部分蒙古军狼狈退出八鲁湾。蒙古军队的声威难道就这么完了吗？得悉失乞忽秃忽溃败，成吉思汗克制住了自己的愤怒情绪。怒而不形于色，这是他的天才的秘密之一。当时，他仅对失乞忽秃忽说："汝失乞忽秃忽扭于常胜，未受挫折，今遭此败，当以为戒。"

成吉思汗立即行动，亲自率军南行，向哥疾宁方向疾进。在两天的急行军中，马不停蹄，军不及炊，沿途但以啖米充饥。来到八鲁湾战场后，他命令失乞忽秃忽解说当初两军对阵的情形。失乞忽秃忽只好如实汇报当初厮杀的情况。成吉思汗听完，便责备失乞忽秃忽指挥失当，不善于选择作战的有利地形。尽管他对失乞忽秃忽充满友情，但他仍严肃指出，失乞忽秃忽应对这次失败负责。

成吉思汗率军进至哥疾宁城下，方知扎兰丁已不在此城。原来，八鲁湾大捷以后，扎兰丁属下的阿富汗人和突厥人之间出现不和，导致部队分裂，各部引军散去。在这种情况下，扎兰丁自知无足够力量抵抗蒙古大军，于是率领本部人马向印度—阿富汗边界逃遁，来到般扎卜即现在旁遮普的附近。成吉思汗下令部队全速前进，跟踪追击。蒙古大军深夜赶到申河岸边时，花剌子模王子扎兰丁正在为次日晨渡做准备。成吉思汗马上命令部队布阵数列，向河岸作偃月形，进围扎兰丁及其为数不多的军队。次日黎明，蒙古军发起攻击，冲向扎兰丁军队，击破其防线，击溃其两翼人马。蒙古军队的偃月形包围圈越收越小，步步进逼扎兰丁。这里有一个有趣的细节：成吉思汗禁止将士放箭，因为他想活捉扎兰丁。花剌子模王子扎兰丁英勇奋战，一直坚持到中午。最后，他发现无法冲出重围，遂放马作最后一次猛烈冲锋，以摆脱对方的纠缠。经他这一冲，蒙古军队稍稍后退了一些，这正是扎兰丁所希望的形势。正在蒙古军稍往后退时，他突然勒转马头，打马向申河岸边冲击。他自负盾牌，手持军旗，飞马奔向两丈多高的河岸，纵马一跃，连人带马投入申河，顺水游去，抵达对岸。成吉思汗飞马来到陡峭的河岸。手下将士欲赴水追捕扎兰丁，成吉思汗极力阻拦，并指示手下将士，要他们向扎兰丁的勇敢精神学习。

在这次战役中，扎兰丁是唯一坚持同成吉思汗作对的人。成吉思汗对扎兰丁采取了宽厚大度的态度，更确切地说是骑士式的英雄敬英雄的态度。但对于扎兰丁手下的人，成吉思汗却表现得像往常那样严厉。扎兰丁纵马跃入申河水而去时，他手下的一部分士兵也跟着跳下水，向对岸游去，另一部分士兵则留在此岸，没有跳下水，成吉思汗见此，便命令部队向跳下水的扎兰丁的士兵放箭，将这些士兵射杀于水中，并命令将留在此岸的这部分扎兰丁的士兵全部杀死。落入蒙古军手中的扎兰丁之诸子也被无情地处决了。

当时，成吉思汗并没有在印度土地上继续追击花剌子模王子扎兰丁。到了第二年，他才命令人剌那颜（札剌亦儿部人）率领一支军队侵入印度河东岸地区（木勒坛一侧）。这只是没有任何真正军事价值的侦察性袭击。般扎卜地区夏季非常炎热，在蒙古草原和西伯利亚泰加森林生活惯了的蒙古人不堪此等酷热，在包围木勒坛后不久就解围而去。这些蒙古军只在木勒坛和剌火儿等省劫掠了一阵，随后即返回阿富汗与主力会合。

但是，成吉思汗却拿阿富汗和呼罗珊境内的各城来出气。他在这些城市中发泄着他的复仇怒火，因为这些城市不同程度地支持扎兰丁的反扑。1222年春，窝阔台率军前去惩罚哥疾宁，因为哥疾宁成为逃亡的扎兰丁东山再起和组织反扑的据点。他借口要统计人口，将哥疾宁居民全部赶出城，然后进行大屠杀。除了技术熟练的工匠以外，哥疾宁全市居民悉数被杀害。那些被免死的工匠将像其他城市被俘工匠一样被送往蒙古去做工。哥疾宁城遂被彻底摧毁。

1222年秋，成吉思汗离开这些被蹂躏和被摧毁的城市，北渡阿姆河，回到河中地区。

远征南俄

1221年，哲别、速必台奉命进军阿哲儿拜占（今阿塞拜疆共和国）。他们马不停蹄赶至阿哲儿拜占首都铁必力思。阿哲儿拜占君主月即伯年老嗜酒，他惧怕失去手中的权力，派人给蒙古军送去大量金银财宝和牲畜，向蒙古军求和。哲别、速必台接受求和，不进攻铁必力思，改向谷儿只（今格鲁吉亚共和国）挺进。1221年12月，蒙古军抵进谷儿只首都第比利斯。谷儿只女王鲁速丹原以为在严寒的冬季蒙古军不会进击，她派使者到阿哲儿拜占和者疾烈国，约定在1222年春季联合抗击蒙古军。她没有想到蒙古军却突然而至。这使她大惊失色，急忙调回原来为罗马教皇准备的30万十字军，前来保卫首都第比利斯。

可是她没有料到，谷儿只国内的民族矛盾被蒙古军利用了。谷儿只国内突厥和曲忒民族平时受到基督教徒的欺凌，积怨很深。当蒙古军开进之后，他们为了报复，纷纷加入蒙古军，志愿为蒙古军做向导，担任警戒和侦察任务。蒙古军以这两部族人作先锋，与谷儿只军队相遇在第比利斯城东。

蒙古军采用佯败战术，设伏兵引十字军进入伏击圈，歼其大半。十字军统帅不敢再战，退守第比利斯。

第比利斯位处山区，蒙古军要想攻占第比利斯的话，必须打通山区十分艰险的道路，因困难太大，只好作罢。

速必台将军平时素以足智多谋闻名，他分析形势，与哲别商量，移师东进，去占领谷儿只邻国设里汪（阿塞拜疆境内）的首都舍马哈，然后向高加索以北进军。哲别言听计从，领兵一举攻占了舍马哈城。

要向高加索以北进军，必须通过打耳班城堡。该堡位于高加索山和里海之间的隘口上，是南高加索和罗斯之间的咽喉要道，只有一条临海的单人马道可以通行，这一下难倒了勇猛善战的哲别将军。

哲别的大帐里，他满脸怒气，正襟危坐，前面跪着一位俘虏来的设里汪军小头领。

"你说，大军怎样才能通过打耳班堡？如有隐瞒，决不轻饶！"

"威严的将军，小人不敢撒谎，大军无法通过，只能单人单骑而行。"

"撒谎！两国交通，岂能个别人交往？如不实说，定斩无疑！"

小头领唯唯诺诺，既不敢说有其他道路，又不敢说大军可以通过，只得磕头如捣蒜，请求饶一小命。哲别一摆手，要军士把他推出斩首。此时，坐在一旁的速必台将军说道："且慢！"走过来正要执行命令的士兵立刻停手。速必台吩咐："扶他起来，让他坐下！"哲别正满脸怒气，听速必台一说，满心疑惑，不知这位将军葫芦里卖的什么药。

设里汪小头领哆哆嗦嗦地站起来，不知如何是好。

速必台说："请坐！请坐！你不要害怕，只要你说实话，我们不但不杀你，还要奖赏你！"

"报告将军，我不敢说一句假话。"

"那么，真的没有其他路可走了？"

"是的，只有这么一条小路。"

速必台素来以智取人，见小头目不像撒谎，态度更加温和，说道：

"看起来，你是个忠实的人，我们不为难你，坐下，给我们说说道路的情况。"速必台的话，既温和又威严。

"将军，我的确不敢撒谎，我有几条命敢在您面前撒谎呢？这条路，平时一般人都是不能通行的。打耳班堡归属设里汪官员管

成吉思汗传

辖,只有他们批准,拿上金牌或有首府官员亲自送行才能通行。"

"好,你说得很好。"速必台鼓励他。

"将军,我平生只走过这条路两次,一次送一位官员去打耳班堡,一次为堡上送货物。这条路艰险异常,一侧是高山峻岭,另一侧面临大海,稍不留意,就会跌落万丈深渊,大军是无法通过的。要通过,必须劈山开路。"

速必台听了,眼睛一亮,他望了一眼哲别,问:"什么?劈山开路?这条路能开吗?"

"只要有火药,山石不算太坚硬,开出两马通行的路是可能的。"

速必台笑了。哲别将军紧皱的眉头开了,他手起掌落,啪的一声,把前面的桌子拍得山响,说:"好!办法有了。"

小首领被哲别这一拍震得发抖,不知说错了什么话,将要遭什么灾难。但这一次,哲别没有发怒:"好,你说得很好!现在你下去,静候听用,不要想逃跑,将来立功有奖。"蒙古军队火药充足,能工巧匠不乏其人。哲别立刻命令炸山开路,同时胁迫设里汪国王刺失德派9名贵族做向导。打耳班要塞是亚历山大皇帝所建,被人称作"亚历山大铁门",归属设里汪王国管理。哲别、速必台要想移师东进,必须通过此堡。蒙古军3万人马历尽艰险、不畏劳苦、开山辟路,扔掉所有辎重和攻城器械,终于在9名贵族的带领下,轻装通过此堡,创造了人类历史上第一次大批军马通过高加索山脉的奇迹。

这样,哲别、速必台率军于1222年进入了铁雷克河流域。这一带,居住着阿阑人和钦察人,蒙古军的到来,遭到了阿阑人和钦察人联军的抵抗。哲别为了削弱对方的实力,以金钱财物收买钦察人,并使他们相信,作为突厥人的后代,他们与蒙古人"出自同一个氏族",不应成为敌人,结果钦察人离阿阑人而去。蒙古军占领了北高加索一带地区。此后,哲别、速必台引军由钦察草原向克里米亚进军,占领了里海港口苏达克。苏达克港是意大利热那亚城邦国所建,与西欧诸国有着频繁的贸易往来。苏达克港的失陷引起了全欧洲的震动。钦察人被蒙古军打败后,逃到罗斯,向加里奇大公求援,并说如其不救,蒙古军的铁蹄将践踏罗斯国土。当时的罗斯,国土很小,东到伏尔加河的支流斡迦河,西接钦察人统治的可萨地区,境内又分几个公国。他们分国而治,共同推一位大公为君主,大公住在乞瓦公国的基辅。为了抵御蒙古军的入侵,加里奇大公出面邀请基辅大公,在基辅召开南俄诸公国会议,决定联合起来共同抵抗蒙古军。

1223年,罗斯各公国向第聂伯河下游集结军队,与钦察人组成十万联军。哲别、速必台得知消息,认为敌众我寡,想以3万人的部队战胜10万大军,必须分化、瓦解敌人,各个击破。为了取得胜利,要采取示弱骄敌的作战方针。于是,他们派出能说会道、足智多谋的10名大臣,到基辅去会见各位大公,劝说他们不要支持钦察人。大公们不听劝阻,杀死了10名使臣,并命令联军渡过第聂伯河东进,在行军途中歼灭了1000名蒙古先锋部队的士兵。

哲别、速必台认为,10万联军对3万蒙古军,众寡悬殊,且联军以逸待劳,因此不能轻易与敌接触,须诱敌深入,寻机决战。决战地点要能发挥蒙古骑兵特长,造成联军补给困难,并可等待术赤援军的到来。于是,他们一面派快骑到里海之东,请求术赤派军援助,一面以一部分兵力与敌人保持接触,掩护主力退到顿河以东地区集结。

联军消灭了1000多名蒙古先锋部队的士兵后,蒙古军连连东退,罗斯联军误以为蒙古军不敢迎战,于是加里奇大公不等弗拉吉米尔大公的部队到来,跟踪追击蒙古军12天,于1223年冬到达亚速海北迦勒迦河,与蒙古军隔河对峙。

这时术赤的援军已赶到。哲别、速必台见时机已到,引军到达里海北岸的阿斯塔拉干,兵分两路,一路沿亚速海东南到黑海,迂回北上,一路过顿河(此时河已结冰)列阵以待,形成了钳形阵势。

加里奇大公在第聂伯河取得小胜，认为以绝对优势兵力，不难击败蒙古军。他不愿别人来分享战功，在不相约其他公爵的情况下，率联军8万乘胜追击到迦勒迦河。几昼夜的追击，联军疲惫不堪。哲别派出少量骑兵佯攻，攻不久即退，加里奇大公邀功心切，乘胜追击。只有一位老将米斯提斯拉夫将军提出探好虚实，而后再打的建议，但其明智主张，遭到少壮派的反对。

哲别抓住时机，下令切断联军后路，进攻钦察人，造成联军右翼空虚。钦察人战败，溃退时把罗斯军冲得七零八落。罗斯军腹背受敌，激战3日，全军覆没，加里奇大公逃跑。哲别率军渡河后将迦勒迦河上的舟船全部烧毁，使罗斯军无法渡河，几乎被蒙古军全部歼灭，生还者仅1/10。

在这次战斗中，罗斯方面有6个公国的公爵和70个贵族阵亡，损兵7万。蒙古军并没有就此罢手，派一部兵马跟踪追击，最后迫使加里奇大公屈膝投降，俯首称臣。

蒙古军与加里奇大公率领的罗斯军激战时，基辅大公驻扎在河畔一高岗上，目击罗斯军之败局，而不出兵援助，仅谋防御。蒙古军一面追击溃军，一面进击基辅军，基辅大公抵抗3日后乞求投降。

这一战役名为迦勒迦河战役，成为蒙古战争史上诱敌深入、各个歼灭的典型战例，被载入世界战争史册。此时，弗拉吉米尔大公听到联军覆没的消息后，不战而退。从此，蒙古军长驱直入，所向披靡，最后沿伏尔加河顺流而下，降服里海之滨的撒克新人，进入康里，康里人败降。

1224年，成吉思汗自河中班师回蒙古本土，下诏令哲别、速必台东归。归途中，一代猛将哲别病死于咸海康里境内。速必台率蒙古军凯旋。

▶ 会见长春真人

在成吉思汗统军西征期间，曾发生了一件饶有趣味的事情。这就是年逾七旬的汉族道教首领长春真人，奉成吉思汗之召，万里西行，会见成吉思汗。成吉思汗与长春真人，一位是成长于兵马战乱之中，杀伐经略，震惊世界的征服者；一位则是自年轻时便修真得道，清心寡欲，力戒杀生的道教首领，两人似乎水火不容，怎么有机会见面呢？这件事要从成吉思汗说起。

1219年夏，西征之初，成吉思汗的人马驻扎在也儿的石河谷地度夏，等待秋季举兵。

一天，成吉思汗与耶律楚材在大帐闲谈。当成吉思汗问及人世间有无长生不老药时，耶律楚材答道："臣下没听说有使人长生不老的药，但听说中原山东登州有一位长春真人，他年轻时就已修真得道，深知人长生不老的秘密。"

耶律楚材提到的这位长春真人，姓丘名处机，山东登州栖霞人，自号长春子。他19岁拜道教全真派开山祖师王重阳为师，苦心修炼，得成大道。老师仙去后，他隐居秦陇，聚徒讲道，拒绝金国和南宋的诏请，没有出山入仕。暮年，他回登州老家居住。

成吉思汗闻言大喜，命人起草了一份诏书，派遣刘仲禄和蒙古将军者卜儿，发给金牌，命令一定要找到长春真人，并把他请到身边来。

成吉思汗在诏书中说自己在北方蒙古地区如何视民如子，返璞归真，去奢从俭，率众完成了统一大业，这是蒙古族历史上没有的。但称汗以来，感到任重道远，希望能得到贤士辅佐。听说长春真人博学多闻，道德高尚，有君子风，常年隐居山林仙境，对他仰慕不已。但山川路远，有失恭迎，现在派使臣刘仲禄前去请他，望他不远万里，或者为忧民救世，或者为保健强身，来蒙古这里一趟，如能教自己一言一语，自己就满足了。

刘仲禄一行不辱使命，一路探访到了燕京，然后再到真定（今河北正定），探得长春真人在东莱，于是冒险而去见到真人。刘仲禄言词恳切，诉说了成吉思汗的仰慕之情，请他前去。

长春真人受金、宋两朝的诏请，都不肯出山，但这一次一邀而应允，慨然答应出山，去见成吉思汗。他选了19名弟子随行，乘舟北上，1220年2月22日先到达燕京，受到行省官员的隆重接待。在燕京，长春真人得知成吉思汗已西征花剌子模，当时真人已是73岁的老人了，不想冒险去西域，因此请刘仲禄代奏，请求大汗班师后再行朝谒，并亲自写表陈情，请成吉思汗准许。

成吉思汗接书后，想见长春真人心切。于是再下诏书，促请真人西行。诏书写得客客气气，语意虔诚，相传是出自耶律楚材的手笔。诏书说："真人德高望重，过去两朝相请不出山，这次一请而成行，并且不辞劳苦冒险西行，自己非常高兴。邀请真人不是为了军旅之事，西征是因为花剌子模国王桀骜不驯，要用实力去解决，直到心服口服以后才算了结。诏请真人，是期念蓬莱仙境和天竺鹤游。过去，达摩祖师东渡中国以传心印，老氏西行化胡成道。因此，虽知路途遥远，还是非常渴望真人西行前来相见。"

长春真人在燕京盘桓数月，同年8月初，应耶律秃花元帅之约至宣德（今河北宣化），又在这里逗留半年，后成吉思汗的诏书来到了。于是在1221年2月8日，真人从宣德出发，过野狐岭，取道鱼儿泺到克鲁伦蒙古大本营，以应铁木格之约。4月1日，到大王帐下时，正遇举行盛大婚礼。7日见铁木格，铁木格相见请教长生不老之事，真人说要斋戒以后才能说，约定15日以后传授。15日后，天下大雪。铁木格说："汗兄遣使万里请师问道，我怎能占先?"于是与真人约定,等真人见过成吉思汗时,一定要路经老营请教。4月17日,铁木格以牛马数百、车十乘送真人。

真人溯克鲁伦河西上,过土剌河、鄂尔浑河,到成吉思汗金国和西夏合屯行营,然后西行至阿尔泰之阿不罕山。蒙古将领镇海领工匠驻扎在此,来见真人,真人想在他这里过冬。镇海说:"最近大汗有旨令,诸处官员如遇真人经过,不得耽误行程,大概想很快见到您。如果留您在这里过冬,那么我就犯罪了。"

于是,镇海亲自护送真人西行,越阿尔泰山,入新疆,循天山北道西进,依次渡伊犁河、楚河、锡尔河,11月18日到达花剌子模新都撒马尔罕,受到耶律楚材的殷勤招待。在这里,真人一住数月,与耶律楚材游园赋诗,你唱我和,留下了不少佳句。

1222年3月,成吉思汗传旨河中,由孛斡儿出派千人部队护送真人到巴米安附近相见。4月5日,成吉思汗终于同长春真人见面了。

成吉思汗高兴万分,他对真人说:"他国争相聘您,您没有答应,而我在这异国他乡诏见,您却不远万里而来,这让我甚为高兴。"

真人答道:"山野之人能奉诏前来,这也许是天意吧。"

成吉思汗与长春真人会面

成吉思汗赐座,摆出丰盛的食物,同真人一同进餐,接着问道:"真人从遥远的地方前来,有什么长生不死之药给我吗?"

"我只有使人健康长寿的卫生之道,没有长生不老之药。"

真人的回答使成吉思汗多少感到有些意外。如果换一个人,对这种直率的回答可能会失望甚至动怒。但成吉思汗不仅没有生气,反而对真人的坦诚相告感到喜悦。他没再说什么,命人在他的御帐东边专门设了两个帐篷,让真人等人居住。

巴米安相会,正值炎热天气,真人随成吉思汗前往兴都库什

雪山避暑。成吉思汗原想在4月14日再次问道，但因军情有变，他要亲临前线，真人一行暂时回到了撒马尔罕。

1222年9月15日，班师返回的成吉思汗设置了豪华帏帐，斋戒，挥退了身边侍女，在耶律楚材、阿里鲜、刘仲禄、镇海等人的陪伴下向真人问道。此后，在19日和23日，成吉思汗又两次召见真人问道。

每次召见，成吉思汗都热心听道，命令左右侍臣笔录下来，并将其翻译成汉文，以便留存。听道的内容，主要是养生和治理国家方面的。成吉思汗问长生之道，真人告以"清心寡欲最重要"；问治国之方，回答是"敬天爱民为本，要想统一天下，一定不能乱杀人"。成吉思汗对这些话深表同意。他对左右人说："神仙（指真人）三次讲道，已铭记在心，你们不许外传。"

此后，真人又随成吉思汗东行，一路上又不断地向成吉思汗讲道。

12月末的一天，天上响雷，成吉思汗问真人是什么原因，真人回答说："打雷是上天在发威。人的罪过没有比不孝顺父母更大的了，不孝则不顺应天道，所以上天发威来警告他们。我听说蒙古人中不孝的很多，希望陛下以威德多教育蒙古人孝顺父母。"成吉思汗说："你的话正合我心。"让左右人记录下来，并布告全国民众，付诸行动。

1223年2月，长春真人辞驾东还。成吉思汗赐以牛马等物，真人全都不要。成吉思汗下了一道命令，规定免除真人及弟子们的全部赋税及徭役。

长春真人西行，向成吉思汗宣传了敬天爱民、好生恶杀、清心寡欲等道教主张，对成吉思汗等人起到了一定的警醒作用。成吉思汗接受了这些主张，他曾对诸子及大臣们说："汉人尊敬神仙，好比我们尊敬长生天，我相信他是一位真正的天人，凡是他说的话，我们都不要忘怀。"

成吉思汗后来带病出征西夏，在临死前不久，向全国下了一道诏令：在战争中不再杀掠。这说明他已经意识到靠游牧民族单纯的军事征服和不加限制的杀掠，是无法取得稳定统治的。这一想法的产生与真人的说教应该是有着某种联系的。

▶ 覆灭西夏

成吉思汗西征花剌子模取得了空前的胜利。他的大名震撼了欧亚，妇孺皆知。1223 年，成吉思汗下令班师，1225 年 2 月回到了土剌河大本营。蒙古军的第一次西征结束了。

成吉思汗率军凯旋，孛儿铁夫人、也遂、也速干诸合屯及其嫔妃盛装艳服，于百里之外相接。回来后设宴接风，犒赏军士。

在随后召开的忽里勒台上，成吉思汗将征服的土地分封给诸子，这些封地后来成为钦察汗国、察合台汗国和窝阔台汗国。

成吉思汗回到土剌河大本营之前，即 1224 年到达也儿的石河驻夏时，因西夏主趁蒙古军西征之际，吞并了额济纳地区，成吉思汗命令木华黎之子孛罗（木华黎已于 1223 年病死）从金国率军征讨。蒙古军这次征伐攻克了银川，歼灭西夏军 10 万，俘虏了西夏监府塔海。在这种情况下，西夏主李德旺无奈，只得求和，并表示要送自己的儿子到蒙古作为人质。局势既已安定，孛罗完成征服西夏的任务，返回金国战场。

但是，西夏主李德旺事后不仅没有送儿子去做人质，反而私下于 1224 年 10 月与金国结成联盟，反对大蒙古国。成吉思汗得知后，非常气愤。他又想起西征调兵参战之事，西夏不但不出兵，其大将阿沙敢不还用恶语讥讽说："既然没有力量，就别硬称可汗！"

多年的实践证明，西夏变化无常，不可信任。为此，成吉思

汗决定彻底解决问题。于是在1225年秋，他命察合台留守本土（长子术赤已于1223年病死钦察草原），成吉思汗带领窝阔台、拖雷、孛斡儿出、耶律楚材等人起兵征讨西夏。

途中，成吉思汗在阿儿不花山安营扎寨，下令组织3天的围猎。

深秋时节的阿儿不花草原泛着金光，空气十分清新。成吉思汗同窝阔台、拖雷两位皇子，骑着马登上一座山岗。山岗顶上开放的草原小花还未凋落，天空中百灵欢鸣，成吉思汗眼望此景，说道："真是个好地方！"

他兴致极佳，挥鞭策马飞入猎场。成吉思汗年龄虽大，但从小培养出来的打猎兴趣极浓。远方有一群野马，他策马追去。不知什么原因，斜刺里冲出一群野骡，冲撞成吉思汗白马而过，白马经这一突然冲击，受了惊，把成吉思汗摔了下来。

那一夜，成吉思汗浑身疼痛，全身发烧。第二天清晨，也遂合屯和他的儿子叫来众将说："夜里，汗主感到非常不适。西夏城高民众，攻下它不是件易事，不如暂时收兵，待汗主圣体痊愈后再决定吧。"

大家同意这个意见，并向成吉思汗作了汇报。成吉思汗听了，说道："我们前来征讨西夏，无功而返，西夏将士会认为我们胆怯。不如先遣使西夏，看他们怎么说。"

于是，成吉思汗遣使者去西夏，对过去发生的事情和西夏的表现一一做了谴责，最后说："如果承认错误，成吉思汗就会原谅你们。"

对使者的指责，西夏主回答说："攻击诬蔑的话我可没说过。"

西夏大将阿沙敢不说："中伤之言是我说的。如果你们想要开战，我们阿拉善地方有众多皮帐篷、骆驼和百姓，请你们来阿拉善与我们作战，如果你们认为金银财宝和各种矿产有用途，就请到亦拉该（今银川）来！"

阿沙敢不的一番话，事实上已经对蒙古宣战了。

使者回来向成吉思汗作了汇报。成吉思汗虽然很生气，但他平和地说："既然如此回答，我们怎能返回？就是死也不能放过他！结果如何，只有长生天知道。"于是，他决定带病出征，彻底征服西夏。

1226年3月，成吉思汗为了牵制西夏主力，亲自率领蒙古军主力出东路，首先攻克黑水城（又名黑城，遗址在内蒙古额济纳旗境内），然后乘胜进军阿拉善。

当蒙古军进入阿拉善时，阿沙敢不正在他的夏营地。听说蒙古军已经开来，他率领驼军和骑兵部队共一万人，拦路等候蒙古军队。一小队蒙古骑兵把马放于草场，正在山下休息，见此情景，阿沙敢不说："愚蠢的蒙古人，是这样容易当我们的俘虏！"说罢，领军去包围蒙古部队。蒙古军见其攻来，惊慌失措地骑马逃走。阿沙敢不命令"全部抓活的"。

追赶中，突然一阵牛角声响起来，战鼓敲起来，从四面八方冲出无数蒙古骑兵。阿沙敢不知道中计，连忙令军队撤退，但为时已晚，他只得领军决一死战。激战半日，西夏军全部被歼，阿沙敢不领少数士兵逃往阿拉善山。

成吉思汗命令："活捉阿沙敢不！"

蒙古骑兵百人一队，包围了阿拉善山，步步搜寻，在一个雨天，于山洞中活捉了阿沙敢不。

为了切断西夏各州县和左右两厢的联系，成吉思汗派阿答赤和畏吾儿亦都护出兵西路。攻克沙州时，正值隆冬，黄河冰冻，河中有一小岛，蒙古军事先占领，并派神射手阻击西夏军。西夏骑兵因急于援救灵州，当接近小岛时，隐藏的蒙古步兵突然鼓声隆隆，箭射如雨，西夏兵纷纷落马。未被射中的西夏兵在滑溜溜的冰面上无法展开战斗，有不少西夏兵连人带马滑倒。就这样西夏兵被蒙古军消灭了近5万人马，其余的逃回中兴府。不久，成吉思汗占领灵州并进军中兴府。

中兴府城高坚固，防卫严密。成吉思汗认为攻下这座城市需要时间，派了3万骑兵围城，他本人则率大军渡黄河，进攻西夏其他州县，并进兵金国边境州县。1227年，成吉思汗驻夏六盘山。李睍在蒙古军的进攻下已抵挡不支，请求投降，并要求觐见成吉思汗。李睍以金佛为上礼，携镶金器皿、童男童女、骟马骆驼等物，拜见成吉思汗。成吉思汗赐予他"失都儿忽汗"称号，但很快又命令将其杀害。这样，建国189年的西夏王朝，至此灭亡。

▶ 魂归草原

出征西夏时，成吉思汗在阿儿不花地方围猎野马时曾坠马受伤。但成吉思汗仍坚持带伤病出征，当他路过一个名为巴音昌霍克的地方时，手中马鞭突然失落，随行侍卫要下马拾取，成吉思汗阻止说："不要，马鞭失落必有缘由，我看此处是个风水宝地，将来我死后，就葬于此地为好。"

剿灭西夏以后，成吉思汗伤病日益恶化。1227年7月，他自知不久于人世，叫来窝阔台、拖雷以及诸子侄，说："蒙长生天佑护，我建立了大蒙古国。从南到北，从东到西，不论到哪里，策马一年也走不到头。我的事业，需要你们继承，愿你们齐心协力，尊敬朋友，不可更改我的《札撒》，让大蒙古国永世长存，巩固下去！"

另外，他告诉诸军将大臣，因初灭西夏，人心不稳，要密不发丧，以免敌人发觉后复叛。1227年8月25日，成吉思汗病逝于清水，享年66岁。遵照成吉思汗的遗嘱，窝阔台和拖雷秘密起运灵车，准备护送到蒙古大本营。当运送灵车路过巴音昌霍克时，灵车深陷在泥淖中，怎么也拉不出来。于是大家想起成吉思汗生前在这里丢失马鞭时说的话，把他穿过的衫子、一顶帐篷和一只袜子埋葬在这里，筑陵供祭。

当灵车深陷在泥淖之时，雪你惕部的吉鲁格台把阿秃儿为成吉思汗祈祷说：

"我的禀天命而生的英杰圣主，

你抛弃普土大国驾返而去。

你生前定统的邦基，

你肇基、立纲的国家，

你庇护的后妃、皇子，

你诞育的山川土地河流，在那边。

你清明兴建的汗统，

你威武创立的国家，

你可亲可爱的后妃、皇子，

你那黄金宫阙，在那边。

你繁荣的国家、百姓，

你净身的水和雪，

你的众蒙古人民，

你降生的斡难、铁里温孛勒答黑的河流、土地，在那边。

我的汗主呵！

你可怜的黄金之命即使超升，

由我们将你宝玉般的灵柩载还故土，

请你那皇后孛儿铁关爱吧，

让你那全体人民瞻仰吧！"

祝祷毕，车轮徐动，一路兵马开路，运往蒙古本部，安葬在起辇谷。

成吉思汗去世后，大蒙古国召开忽里勒台，按成吉思汗生前决定，1229年，窝阔台继承汗位。他继承父汗的遗志，制定灭金大略，同年7月率军伐金，经过禹山、钧州三峰山、铁岭、汴京、蔡州诸战役，终于在1234年1月消灭了金国。

1229年，窝阔台派大将绰儿马罕率军追歼扎兰丁。勇猛善战、坚决不屈的扎兰丁，在绰儿马罕的追击下，于1231年竟被一位库尔德强盗所杀。

1235年，窝阔台组织长子军，进行第二次西征，进军罗斯（俄罗斯）、孛烈儿（波兰）、马札儿（匈牙利）、布达佩斯（捷克）等国。但1241年窝阔台汗去世，蒙古军东归。

窝阔台去世后，乃马真皇后掌政。1246年，贵由汗即位，但于1248年病逝，皇后海迷失执政。

1251年，蒙哥汗即位，组织旭列兀（拖雷之子）第三次西征，进攻波斯、叙利亚等地，建立伊儿汗国。同时蒙哥汗征南宋，派忽必烈征川滇，消灭大理国。蒙哥汗亲自率军南下，1259年7月病死在金剑山温汤峡（今重庆北温泉）。

蒙哥汗死后，忽必烈于1279年完成统一中国的大业，开拓了领土，建立了元朝大帝国。

一代世界伟人成吉思汗作为蒙古奴隶主阶级的总代表，他一生的业绩，有功有过，但综合地看，功大于过。

成吉思汗逝世

12世纪以来，蒙古草原上无休止的战争，给人民带来了极大的灾难，他们渴望和平安定的生活环境，更渴望统一起来抗御外族入侵。这一历史重担落在了成吉思汗身上。

成吉思汗"深沉有大略，用兵如神"，他把统一蒙古草原的政治追求和灵活机动的战略战术相结合，完成了建立统一国家的历史使命。他是一位伟大的军事家、政治家。

为建立统一国家，他建立了一支组织严密、具有铁的纪律的军队；他颁布了《札撒》（法典），依法治军，并为统一后的依法治国做了准备；他有功必赏，有错必纠，打破贵族、平民、奴隶的界限，严格执法；他任人唯贤，量才用人，不分民族，用人不疑。在他建立的大蒙古国各级政权中，包括了不同民族的各阶层人士，其政权具有广泛的社会性。

他建立的大蒙古国，结束了蒙古草原长期不稳定的社会政治局面，将族源、生产水平和方言各异的部落统一起来，使蒙古民族走上了世界历史舞台。各部落的统一又为蒙古民族文化的发展创造了条件。建立大蒙古国后，成吉思汗走上了对外扩张的道路，他灭西夏、伐金国，为忽必烈统一中国、建立元朝奠定了基础，推动了中国社会历史的发展。

成吉思汗也有残暴的一面。他的大规模西征，经常性的屠城、毁城，给当地百姓带来了极大灾难，非正义之举。但他的西征却从另一方面促进了东西方经济、文化的交流，中国的四大发明随他的西征传入欧洲，阿拉伯的历法传入中国，对东西方经济文化发展、交流起了积极作用。

成吉思汗以其卓越的功绩被载入史册，受到后人的景仰。

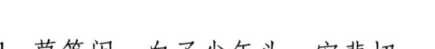

名人名言·惜时

1. 莫等闲,白了少年头,空悲切。

　　　　　　　　　　　　——〔南宋〕岳飞

2. 少年易学老难成,一寸光阴不可轻。

　　　　　　　　　　　　——〔南宋〕朱熹

3. 时间就是生命,时间就是速度,时间就是力量。

　　　　　　　　　　　　——郭沫若

4. 吾生也有涯,而知也无涯。

　　　　　　　　　　　　——〔战国〕庄子

5. 一个人越知道时间的价值,越倍觉失时的痛苦呀!

　　　　　　　　　　　　——［意大利］但丁

6. 盛年不重来,一日难再晨。及时须自勉,岁月不待人。

　　　　　　　　　　　　——〔东晋〕陶渊明

7. 节约时间,也就是使一个人的有限的生命,更加有效,而也就等于延长了人的寿命。

　　　　　　　　　　　　——鲁迅

8. 荒废时间等于荒废生命。

　　　　　　　　　　　　——［日本］川端康成

9. 时间就像海绵里的水,只要愿挤,总还是有的。

　　　　　　　　　　　　——鲁迅

10. 抛弃时间的人,时间也抛弃他。

　　　　　　　　　　　　——［英］莎士比亚

名人年谱

1162年4月16日　铁木真诞生。

1171年　铁木真定亲，父亲被害。

1177年　铁木真被泰赤乌部抓获，得到锁儿罕失剌救助，与孛斡儿出结安答。

1179年　铁木真与孛儿帖结亲。与王罕联合，孛儿帖夫人被篾儿乞部抢走。铁木真、王罕、札木合联军进攻篾儿乞部，救回孛儿帖夫人。

1181年　铁木真、札木合两人分手。

1189年　铁木真称汗，恢复合木黑蒙古国。

1190年　札木合进攻铁木真的"十三翼之战"。

1196年　联合王罕第一次进攻塔塔儿部。

1197年　征服塔塔儿部，与木华黎结友。

1199年　消灭北乃蛮。

1202年　与札木合的"阔亦田之战"，镇压泰赤乌部，收降哲别。

1203年　卯温都儿之战，消灭王罕。

1204年　消灭南乃蛮的"纳忽昆之战"，收降塔塔统阿。

1205年　第一次征西夏，处死札木合。

1206年　建立大蒙古国，号"成吉思"，颁布《成吉思汗大札撒》。

1210 年　清除通天巫阔阔出。

1211 年　进攻金国。

1215 年　攻占中都，收降耶律楚材。

1218 年　450 人商队被害。册立窝阔台为继承人，准备西征花刺子模。

1219 年　攻占讹答剌城。

1222 年　诏见长春真人，与之论道。

1227 年　消灭西夏。

1227 年 8 月 25 日　病逝于清水县。